청옥문학 동인문집 제3집

시의 전당

푸른 원두막

심예지 외 32인 지음

푸른 원두막 제3집을 내면서

최경식
시인, 시조시인

올해도 한 해 동안 열정으로 문예대학에 참여해 주시고 많은 작품을 발표하고자 함께해 주신 동인들의 작품을 싣게 되었습니다.

거듭되는 밴드의 활성화로 발전된 모습을 보니 가슴이 뿌듯합니다.

총괄 리더의 열정 때문에 원두막 동인지도 내고 분기별 정모도 하고 친교를 나누며 웃음을 만들어 내는 문학의 길을 걷는 것은 삶의 길에 여백이 되어 행복하며 한 해의 흔적을 남기는 보람이 될 것입니다.

청옥문학은 꾸준한 배움의 자리로 좋은 글을 쓰도록 지원할 것입니다.

글을 보내 주신 회원, 동인님과 편집에 수고하신 리더, 편집 위원님께 감사를 드립니다.

목 차

권두언

003 최경식 | 푸른 원두막 제3집을 내면서

회원시

007 강선우 | 어머니의 미소, 해바라기, 꽃단비, 명자꽃, 들꽃처럼 야생으로 가는 길목
013 강지현 | 바다를 향한 섬마을, 남산에서, 흔적, 보랏빛 무궁화 꽃, 초록빛 사랑
021 강혜정 | 사랑, 茶 마루, 가을 착상, 나목, 등불 같은 사랑
027 김남숙 | 촛불, 한 번쯤은 너처럼, 바람의 소리, 한 송이 꽃이 되기까지, 만물로 꽃피는 색종이
034 김향자 | 봄 향기, 입안에 핀 바람의 꽃, 산을 내려간 남자의 기도, 섬 속에 섬
039 명현미 | 손 선풍기, 흐르는 사랑, 저 부러운 안개, 파도
044 문영길 | 홑씨로 떠나다, 사막에서 시를 찾다, 회귀回歸, 꽃무릇, 출생의 비밀
052 박득천 | 바라기 삶, 가뭄, [산문] 할멈 뭐 심지, 고단한 삶 - 짝사랑 -, [산문] 꿀벌을 보며
058 박종성 | 치명적인 사랑, 옹이, 덩굴장미, 제로 역학, 나무의 이분법
065 소인선 | 담쟁이 사랑법, 비 갠 후 금정산, 믹스커피, 그때, 산책길
073 송경희 | 새벽 풀잎, 숲속 향기, 2악장 바다에 가다, 짐을 놓고, 비를 맞다
079 신경환 | 더듬다, 지게, 마음이 머무는 곳, 사랑비, 덩굴장미
085 신순희 | 빗속을 걸으며, 민들레의 영토, 들풀 같은 인생, 휴가와 휴식, 칡꽃 향기 맡으며
091 심애경 | 詩作의 始, 수호신, 기억 한소끔, 기다리는 시간, 나무와 잎
098 어성달 | 풍경 속 시를 품다, 오늘 내가 본 것은 아무것도 없다, 홍룡사 가는 길, 이별이 너무 길다, 비 오는 날의 고백

CONTENTS

107 오용섭 | 길, 무더위가 피운 꽃, 소나기, 갈증, 겨울을 사랑한 여름으로
115 우종국 | 목련을 위한 기도, 매미, 가을 그리고 그리움, 겨울 나무, 낙동강
127 윤소영 | 보리굴비, 어느 낯선 집, 말차抹茶 고혹적인 香에 취하다, 야상곡夜想曲, 화단 속에 작은 농촌
136 윤주동 | 갯바위, 미운계절季節, 장작長斫개비, 바람의 언덕, 사발沙鉢
142 이기택 | 아들에게, 하루새, 달 품은 바다, 또 다른 너, 수채화
148 이미경 | 무창포 신비의 바닷길, 김삿갓 아리랑 장터, 내 고향 청소역, 사랑 광화문광장 천부, 무창포에서
155 이석락 | 보덕포 도원경, 몰운대, 장림포, 팔봉반조, 다대 첨사
164 이수일 | 노을, 그리움, 빛, 둥근 달, 삶 2
170 이채원 | 바다를 갈라 논 해님, 해바라기, 금빛 황새 한 쌍, 엄마와 아들, 소리 없는 나무
176 이춘희 | 내 가슴에 너 하나만 기억할래, 그리운 바다, 보랏빛 향기, 별자리, 아름다운 손
184 임흥윤 | 산불, 정, 묘비명, 백치 아다다, 공존의 그늘
190 정연희 | 바람의 언덕, 돋보기, 사랑초의 마음으로, 빈방에 누워, 뉘 꽃이 누구뇨
197 정태운 | 그대라는 곳에 머물 수 있다면, 그대에게 주는 獻詩, 개망초, 친구야, 막걸리 한 잔 하세, 어머니, 제 젊음을 떼어 드리고 싶습니다
206 최경식 | 만남의 향기, 외 바위 외솔, 그대와 파도, 황산, 빗소리
212 최동운 | 한더위, 살다 보면, 사모思慕, 한 번만 이라도, 갈대
218 홍찬선 | '실업급여'는 없다, 영천대첩, 42860727, 윤슬, 압록강 해돋이

회원수필

230 민경문 | 6.25의 태풍 후유증, 아내를 위한 침묵의 사랑

강선우 · 강지현 · 강혜정 · 김남숙 · 김향자
명현미 · 문영길 · 박득천 · 박종성 · 소인선
송경희 · 신경환 · 신순희 · 심애경 · 어성달
오용섭 · 우종국 · 윤소영 · 윤주동 · 이기택
이미경 · 이석락 · 이수일 · 이채원 · 이춘희
임흥윤 · 정연희 · 정태운 · 최경식 · 최동운
홍찬선

| 강 선 우 |

• 시작노트 •

시인의 자세
꽃은 혼자의 힘으로 꽃을 피우는 게 아니다.
찰진 땅과 기후가 배합되어 꽃이 피고 지는 것이다.

글을 잘 쓴다고 좋은 시인이 될 수는 없다.
끝없는 자아성찰은 평생 해야 할 숙제이다.

명예에 눈멀지 않고 허식에 물들지 않고 거짓에 물들지 않고
익을수록 고개 숙이는 곡식처럼 겸허한 글쟁이 도리를 아는 글쟁이가 되어야 한다.

• 아호/ 심온 • 출생/ 전북 전주 • 청옥문학 시조등단 • 시인 작사가
• 한국음악 저작권협회 회원, 현대시선 시 등단(이사)
• 서울시 낭송협회/詩音 홍보 위원장, 시의 전당 푸른 원두막 회원
• 청옥문학 재무차장, 청옥문학후원회 감사, 민주문학회 회원

어머니의 미소

아침마다
붉은 해가 맑은 미소,
불타는 가슴으로 잠을 깨운다
언제나 한결같은 마음으로
어둠을 뚫고,
희망의 나래를 활짝 펴고
우주를 깨우고 바다를 깨우고
온 누리를 환하게 깨운다
때로 어둠 속에서 방황할 때
절벽 위에서 깜깜해질 때
영혼이 지쳐 잠들 때
붉은 해는 불멸의 빛으로
쓰러진 어둠을 흔들어 깨운다

어머니는 늘 미소를 지으셨다
아침마다 식지 않는 둥근 사랑으로
온 우주를 가슴에 품고 젖을 먹인다

해바라기

여름 한낮
이글거리며 타는 태양
쳐다볼수록 눈부셔
얼굴이 달아오른다

들녘에 누워 일광욕을 즐기는
샛노란 미소로
시커멓게 타들어 가는 심장
누렇게 익으면 익을수록
고개를 숙이는 겸손한 미덕

온 우주를 품어
탐스럽게 꽃피운 열정
모든 시름 내려놓고,
한 생을 다 내어주고
무채색 씨방으로 갈무리되는
황혼 녘이 매혹적인

태양을 삼켜 버린 꽃

꽃단비

한 줄기 비 내린다

허기진 기억 속으로
하얀 메밀밭의 추억 아스라이 떠오른다

내리는 빗방울 수만큼 무성한
기억에 가슴이 파인다

갈라 터진 땅 위로
추적추적 내리는 비
하얗게 떨어져 깔리는
메밀꽃의 희미한 울음소리
물컹하게 쏟아지는
농밀한 기억이 몇몇, 눅눅한 바람에
후줄근하게 날린다

얼마나 간절했던가
기다리다
지쳐 메마른 시간 위로,
후미진 한 생에,
저녁에, 마침내 비가 내린다

명자꽃

어둠을 먹고
새벽을 피워 올리는 삶의 미학
백일몽을 물고 새들이
햇살 속으로 함영할 때 비로소였다
기쁜 하루를 수놓으며 펼쳐지는
창조는 이제부터라고
온 누리는 약속처럼
아침이 왔고
초성의 뜰아래채에는
향기가 자욱하다
누가 이 아침에 우물을 길어 올리는가
체관을 타고 흐르는 물의 향기
아침 속으로 피어오르는
모든 것들의 체취

새벽을 깨워 해를 삼켜 버린 꽃

들꽃처럼 야생으로 가는 길목

낙엽이 동면에 들기 전 싸늘한 바람에
뒹굴고 있는 들녘
울울창창한 청춘을 지나 이읏고
중년을 활짝 피운 꽃봉오리를 본다

태풍이 내리쳐도 굴하지 않는
저 당당한 들녘의 자유로운 율동을 보라
한숨에 겨운 지난 상처 흔들리며 꺾여도
다시 허리를 숙였다 펴는 삶 속에
인생의 쓴맛이 배어있다

온 힘을 다해 생을 불태우고 가는
들꽃의 생명력 앞에서 자꾸 숙연해지는
빈 가슴

세월의 쉼표 앞에,
뼛속 깊숙이 파고드는 바람은 삶의 율동이다
끝없는 인생은 나그네 길
아픔을 성숙의 디딤돌로 삼아
처음처럼 멈추지 않고
흔들리며 피어 나는 중년의 삶

| 강 지 현 |

• **시작노트** •

학창 시절부터 한 문학소녀의 마음속 늘 간직해 오던 꿈이랄까요.
파란 하늘 바람이 불어오는 듯 마음속에도 예쁜 꽃이 피어납니다.
이슬처럼 고고한 순결처럼 수정 같은 마음으로 예쁜 글을 쓰며
부족한 저의 글이 더욱 빛이 날 수 있도록 다짐하며 문을 두들겨봅니다.

• 아호/ 이안 • 출생/ 인천 • 대한문학세계 詩 등단
• 사 (현) 창작문학 예술인 협회 정회원, 대한문인협회 인천지회 정회원
• 대한문인협회 신인상 수상
• 시의 전당 푸른 원두막 회원, 석교시조문학 회원

바다를 향한 섬마을

물 위에
세상은 낯설지만
물속의 모든 것은
마음속 곳간을
채울 수 있는 듯

흐린 날은
마음마저도
서글픈 마음이 들고
바다란 곳이 때론 그렇다

인생의 반을
쪽빛 바다에서
미끼 통발과 함께
걸음걸음마다
살아온 분들의 나날

빗물인지
파도인지 험한 바다
촛대 같은
바윗돌을 퉁퉁 쳐댄다

저 멀리
코끼리 바위가
장관을 이루고
갈매기 떼 날아들어
춤을 추는 곳

마치 마음속 깊은
아름다운 내 고향으로
머물고 싶다

남산에서

불빛에 보면
하늘에 반짝반짝
별로 보이는
아름다운 피아노 선율처럼

화려한 여인이 줄지어
수를 놓아 착용한 문양
전통 의상과 잘 어울리듯

묘한 매력
타악기처럼 찬란하게
눈부신 온화하고 화려한
푸른빛 투명한 천년의 호수 닮은
사파이어 보석 같은 청옥이여

흔적

달빛 사이
숨어든 작은 별들
은하수 타고 와르르

호숫가에
쏟아져 반짝반짝
별 하나가
어여삐 꽃길로 수를 놓은 모습

꼭 너의
수줍은 미소 닮은
그윽한 향기 천사 같구나.

보랏빛 무궁화 꽃

창문 사이
비 그친 담 자락으로
나의 시선은 꽂히고

푸른 대지의 벌판
칠월의 시간 들녘으로
역사는 흘러 흘러

물 흐르듯
주어진 삶 속에
지난 세월의 보랏빛 역사
반만년
아픔을 채웠던 그날들

바람에도
흔들리지 않고
궂궂하게 내리는 비마저
여름을
노래하는 선율로 담아

별하늘
짙은 밤 두 눈물 뒤로한 채
당당하게 후손을 위해
금수강산
무궁화 꽃 피었다네

초록빛 사랑

마음 밭 설렘
그대는 알고 있니
아마도 모를 것이야

두 눈 속
살랑살랑
바람이 불어와

초록빛 연가
그대와 나
라벤더 허브 향기로

꽃처럼
피어나는 것을
알고 있니

| 강 혜 정 |

• 시작노트 •

언어를 통하지 않고는 아무것도 보고 들을 수 없지요. 언어 자체가 대상이고 목적이다. 언어를 수단으로 사용하면 언제나 결핍감을 느끼지만 글쓰기는 언어 자신의 탈주이며 느낌이 새롭고 좋은 언어로 싹터서 문운이 창대하는 모험의 글을 쓰고 싶다,

• 고향/ 부산 • 청옥문학 시 등단

• 청옥문학협회 이사, 시의 전당 푸른 원두막 회원, 석교시조문학 회원

• 청옥시낭송회 회원

• book90214@hanmail.ne</null>

사랑

그리운 소식은
한밤중에 소리 없이
별빛만 삼켜버리고

마음은 갈 곳을 잃어
불길의 흔적처럼 그대 이름만 남아
타오르고 있는
적막한 밤

끝없는 기다림 속에
오래도록 견디어 낼 슬픔은

너의 눈에 맺힌 이슬 속에
변모하는 모습을
더듬어 본다

茶 마루

바람은 이내 마음 휘감아 돌고 돌아
찻잔 속에 한 조각구름 실어
빈 가슴 녹여가며 유유히 흘러간다

떨어진 꽃잎 담아 지난날을 추억하며
한 모금씩 비워낸 수많은 사연들을

아쉬움 우려내어
찻잔 속에 녹여 음미하며 마신다

가을 착상

고개 떨군 수풀의 표정이
깊이를 알 수 없는
물 바닥처럼 일렁이고
이따금씩 지나는
햇살의 몸짓이 싸늘하다

눈을 감으면 보이는 것이
눈을 뜨면
멀리 사라져가고

두 손 가득히
하늘의 푸르름이
떨어져 내려와
빈 심장 한구석을
가만히
채우고 있다

나목

모두들 붉게 물들어
한 잎 두 잎
못다 한 사연을 남긴 채
사라지는데

우뚝 서 허공을 지키는 나무야!

세찬 바람이 밀려와도
흩어질 줄 모르고
하늘을 향하여
푸른 꿈 가꾸며
내일을 새겨보는
너의 모습에서

잊힌 기억의
꽃잎을
더듬어본다

등불 같은 사랑

찬 이슬에 꽃잎 지는 날은
별빛이 새하얗다
무언가 할 말이 많아
가슴을 앓는데
사랑도 미움도 혼자만의 것인가

밤이 사뿐히 내려앉은 곳
보석이 박힌 숲속 나무 밑
작은 창가로 등불 밝게 새는데

그대는 꽃잎같이 잠이 들었다
훗날 이별을 위해
내가 그려둔 그대 눈썹
별빛과 달빛 속으로 띄워 보내리라

| 김 남 숙 |

• **시작노트** •

글을 쓴다는 건 마음을 평정하는 것. 온 우주가 세월 속에 빛바래어 가도 올곧게 숲우듬지에 꽃피우고 땅속에 기운 받아 뿌리 깊게 뻗고 뻗어 오롯이 내일을 향해 걷는다는 건 세상을 읽어 내는 것. 나에게 청렴 수렴한 한 편의 시는 반딧불 청정의 숲이고 싶다.

• 아호/ 초성 • 출생/ 경남 하동 • 시 노래 「내 안의 그대」 작사
• 청옥문학 시조 등단
• 현대시선 작가협회 회원, 현대시선 이사
• 청옥 문학협회 재무 차장, 청옥 문학후원회 재무 차장
• 시의 전당 푸른 원두막 회원, 석교시조문학 회원

촛불

한평생 작은 흔들림에도
뚝심 하나로 버텨 온 당신

속이 타 내려가면 갈수록
깊어지는 사유
샛별 다섯 무리 우주로 품고,
잉걸불로 달구어 오르는 심장

현란한 춤사위
뚝뚝 척추를 관통하고
천국의 문틈에서
잠시 뉘엿뉘엿 가시는 영혼이여

천형의 눈물로 빙하를 녹이는
이별의 아픔
비문처럼 아우러지는 비통함이여
그리운 당신
한평생 어이 잊으리오

한 번쯤은, 너처럼

몽골몽골 한껏 부푼 가슴
팝콘처럼 달콤한 유혹으로 피었다

바람에 날아 갈수록 절정은 짙어지고
푸른 하늘 저 멀리 눈썹만큼이나
작은 하얀 낮달이 가슴에 박힌 듯
연광은 나달나달하다

산골짜기마다 잔설을 이고
온몸을 떨었던 인고의 시간
삭풍의 세월도 삭아 버린 듯
어김없이 찾아오는
삶의 향기는 우수수 쏟아지는
늘 만삭이다

바람의 소리

귓가로 스치는 건 바람의 속삭임이었다

칼바람 부는 겨울을 지나
꿈결 같은 봄볕으로 고개를 내민다
단, 하루여도 좋을 지상의 날들
삼월의 구름 떼 아래
꽃술로 숨어있는 소리

층층이 쌓아 올린
풍경이 반짝일 때마다
굴절된 어둠을 밀어 올리고
오랜 심연이 깊은 잠에서 깨어나
봄꽃처럼 환하게 웃는다

꽃잎은 바람을 담아
향기로 내뿜는 심상
들릴 듯 말 듯

한 송이 꽃이 되기까지

햇살 고운 가을날 포근했던
어머니의 품속을 떠나
낯선 곳에서 둥지를 찾아 떠난 길

지중해 연안을 가로질러
수로길 따라 찾아온
양지바른 습지에 둥지를 틀어
겨울을 이겨내고
봄의 빗장을 열어
지관을 타고 뻗은 줄기는
양파처럼 둥근 검은 집
난초 같은 선형이라네

얼굴을 들고 세상을 바라보니
고결함은 가히 아름다운 향기로 나부껴
꽃바람이 마음을 흔드네

노란 접시에 핀 황금빛 사랑 이야기
신비한 전설은 그곳, 그 자리에서
삶의 진수를 본다

만물로 꽃피는 색종이

발상을 접었다 뒤집었다
소망의 꽃으로 피어 난다

미지의 공간 속에서
동위각. 엇각. 빗각. 맞꼭지각
자유롭게 넘나드는 각선미
색상의 조화를 뽐내는
신비로운 율동으로
창작과 꿈을 선사하는
배려 깊은 심성

꺾이고 베여도 기쁨을 베풀며
침묵으로 일관하고
환한 미소를 잃지 않는
자유는 참 행복하다

봄바람 부는 언덕에 올라서서
때론, 팔랑개비가 되어 주고
빨간 카네이션이 되어
누군가에게 감사하는
마음으로 다가갈 수 있다는 건

만물이 될 수 있다는 것

끝없는,
희망이 솟구치는 혁신

| 김 향 자 |

• 시작노트 •

'시란 이런 것이다'를 공부한 다음 시를 접하기 보다, 아무런 때가 묻지 않은 백지 상태에서 내가 느끼는 원초적인 감성에 충실할 때 독자들이 감동하는 것 같아요.

회화 그림도 역시 이론 공부 없이 그냥 내가 가진 고유의 생긴 대로 느낀 대로 그린 그림이 더 좋은 느낌으로 다가오는 것처럼 시심에서 차오르는 기쁨의 시를 쓰고 싶습니다.

• 아호/ 도연 • 고향/ 강원도
• 청옥문학 시 부분 등단
• 청옥문학협회 회원, 시의 전당 푸른 원두막 회원

봄 향기

봄이 좋다 봄이 좋아
청춘들의 사랑이
손을 잡고 벚꽃놀이 삼매경

마음이 겨울인
얼음 같은 마음도
봄볕에 녹아 냇물처럼 흐르고

꽃향기에 떨려
풀 향기에 마음마저 내어주는
봄 향기는 마술처럼 사랑을 품고 왔다

입안에 핀 바람의 꽃

단출한 일상의 심심파적으로
꽃잎들을 씹고 계신 당신을 위해
나는 바람이 되고 싶어라

분별없이 입안에서만 맴돌
쓰디쓴 즙이라 목 넘김은 없을
공허한 빈 마음에 달빛도 서럽다

싱그런 생명을 죽이는 당신의 독 항아리
살포시 열어 바람의 꽃으로 피게 하련만
아, 그러니 더 바람이고 싶어져요

산을 내려간 남자의 기도

새벽빛이 터덜거리면
긴 한숨이 먼저 눈을 뜨고
힘겨운 걸음 낯선 승합차에 오른다

아직은 열리지 않은 문 끝없이 두드리다
하늘 위 낮달을 보며 기다림에 지쳐 버린다
만신창이로 현관 앞에 서서 기도를 한다

이 문을 열었을 때 웃음이 새어 나왔으면 좋겠다
잠자리에 들기 전 기도를 한다
눈을 떴을 때
모든 것이 바뀌어 있기를

고달픈 세상살이 참으로 무심타
어디 당신뿐인가
세상사 산을 오르고 내리는 일이라면…

긴 겨울이라 하지 마라
기도 속에 계절 하나가 사라져 가는 것
늦지 않게 봄 찾으러 다시 산에 오르자

섬 속에 섬

진종일 윙윙대는 도심의 잔소리에
찌든 대기처럼 마비된 빈 머릿속을
이탈한 혼이 찾아든 섬 속에 섬

아무 일 없는 듯 신록으로 덮인 하늘아
하~참 천국이네 잎새의 반짝임 나야?
나야 나 여기 있었어

돌아가고 싶지 않지만 어쩌겠어
언제든 혼이 달아나면 올 수 있는 곳
대기의 구멍이 뚫리고 나 죽어도
이 푸른 섬은 초록을 엮을 것이다

| 명 현 미 |

• 시작노트 •

시인의 세계는 언어로 된 세계이다

언어 너머 또한 언어이고 시인은 알몸으로 언어와 소통합니다. 시는 진실과 우연한 만남. 시를 쓸 때 우리는 무슨 말을 하려는지 몰라요. 우리가 이름 붙일 수 없는 것만이 우리를 행복하게 할 수 있어요. 시는 무지無知가 주는 기쁨의 선물입니다,

• 아호/ 송향 • 고향/ 광주시
• 낙동강문학 수필 신인문학상, 노천명 문학상 수상
• 한국 시문학 연구협회 회원, 한국 시민문학협회 회원, 청옥 문학협회 회원, 청옥 문학 시 낭송회 회원, 시의 전당 푸른 원두막 회원

손 선풍기

웡웡웡 바람 소리
노래하는 인공지능 손 선풍기

땀과 얼굴의 열기에 시원한 바람을 주고
등줄기에 흐르는 땀 열기 식혀주는
힘든 내색 없이 그저 아무도 아랑곳하지 않는 쉴 틈 없이 움직이며
돌아가는
지구가 돌듯 선풍기도 돌고

땀방울 반긴 선풍기
옷고름 풀어 맞닿은 가슴으로
이 세상의 모든 평화 거기 넘실거린다

흐르는 사랑

넓게 펼쳐진 고속도로 지나
푸른 숲 사이를 걸어가며

맑은 공기에 청량한 나뭇잎 소리
바람에 볼을 비비며
다정하게 이야기하듯
달콤하고 시원한 아이스크림 같은
느낌을 주는 그대는 자연

언제나 변하지 않고 우리에게
상쾌함을 전해주려고
계곡의 맑은 물이 흐르듯
끝끝내 마르지 않을 江 흐르네

저 부러운 안개

가슴 깊은 곳에서부터
숨이 차오른 듯 더운 여름

고개를 들어
더위에 지친 표정으로
휴식 같은 곳을 찾아보듯
먼 곳을 살펴 보다

고개 들어 마주친 저 높은 곳
끝자락 안개가 덮인 모습은
산들산들 휘날리며 춤을 추는 모습이
그저 평화롭기만 하다

스치는 바람결에 살포시
사랑 꽃 뭉게뭉게 피어오른다

파도

출렁출렁 먼 바다에서부터
밀려 오는 너는 그리움
돌과 부딪쳐 부서져도
제 갈 길을 가는 파도

너의 모습은 자유롭게 흘러흘러
백사장으로 다가와
행복을 알려주고
때론 슬픔과 그리움
때론 아픔과 이별
파도가 전해주는
다양한 이야기 들어본다

바다가 닫히고
바다가 열리는 소리
이 세상에 추억만 남기고 간 너처럼

| 문 영 길 |

• 시작노트 •

자꾸 고상해지는 것에게 꼬리표를 달아본다. 천민의 이력을~ 그리하여 몸으로 일구어 일용하던 가난의 정직한 동경으로 작은 선심에도 민감하게 반응하며 짤랑거리는 푼돈의 위로를 감사해 하던 처음처럼…

행운을 빌며 던진 동전이 우연으로라도 詩 위에 얹어진다면 그대, 잠시 소원에 닿은 듯 흐뭇했으면 좋겠다.

- 고향/ 경기도 남양주 퇴계원
- 문학 21 시부문 등단(2008년), 청옥문학협회 편집부장, 새부산시인협회 총무부장, 청옥문학협회 기획분과 위원장, 천성문학 상임이사, 영호남문인협회
- 수상/ 한국청옥문학상 우수상(2013년), 부산시단 작가상 (2014년.2018년), 모래톱 문학상 대상(2017년), 서구 전국 시낭송대회 우수상(2018년)
- 저서/『자드락길에서 만난 여유』, 『업둥이』

홑씨로 떠나다

꿈 하나 뉠 수 없는 자투리 땅
햇살에 양보하고
손바닥만큼의 소유도 비워
목마른 생각 지우며
억척스럽던 생존의 책임을 벗은
홀가분한 이별로
바람 따라 길 나섰다

생소한 말과 생각들이
무시로 드나드는
가난한 시인의 거처에서
꽃등마다 불 켜두던 편안한 감동으로
웅숭깊은 기도였다가
미개봉의 설레는 약속으로
미지를 향해 날았다

민들레 무던한 눈웃음조차
떠나보내던 날에
새털처럼 가벼운 존재로도
살아감의 신성함
널리 전파할 수 있음을 깨달았다

사막에서 시를 찾다

마지막 한방울의 눈물조차 핥으며 놀던
버려진 자음과 모음의 뼈
바짝 마른 단어들의 뜨거운 탄식을 버려두고
죄의식 없이 떠나버린 시인의 행방
모래바람에 흔적이 없다

시가 해체되고
분골의 유언들이 휩쓸려
허상의 의미를 쌓고 허물길 반복하건만
오아시스가 저만치라는 착각이
먼데서 들려오는 구원의 환청에 목 메어
잊힌 의미를 함부로 불러댔다

이제, 고난과 친숙한 베르베르인* 처럼
결핍에서 발견한 지혜로 척박한 일상에도
감사의 기도를 뜨거운 땅에 바치며
조급하지 않게 무지렁이의 태연한 보폭으로
자꾸만 벌어지는 인식의 사이를
목마름으로 횡단할 것이다

절망 같은 눈물을 받아 마시며
싹이 트고 불안한 뿌리를 내려 자리한
엉성한 시의 그늘에서
기력을 회복하는 간절한 집념으로
불모지의 가슴을 뜨거운 발바닥으로 건너
철학의 체험을 기록할 것이다

* 베르베르인 : 튀니지,알제리, 모로코 등 북아프리카 사하라 사막일대에서 살고 있으며 이슬람교를 믿는다

회귀回歸

불확실의 두려움을 잊기 위했던
겨를 없던 노동의 막바지
약간의 초조함이
앙상하게 드러난 어깨죽지에
잠시 어둑발로 앉았다가
툭툭 망설임을 털어주고 갔다

존재를 증명하기 위하여
막연함을 거슬러
억척스럽게 헤엄쳐야하는
상처투성이 지느러미도
너덜거리는 자존을 회복하기 위해
잠시 어둠 속에서 군드러졌다

단 하나의 소원만 남기는 절실함은
차라리 엄숙해서
오체투지의 고행을 무릅쓰지만
어사무사한 안식의 언저리
거룩한 계보를 잇는
더 구체적인 목적을 위해
마지막 몸부림은 아껴두어야 했다

어미의 젖내 어렴풋한 부름에
발칫잠 깨어
민물의 기억을 되새김하자니
어슬렁거리던 하현달
윤회의 버거움을 비워내고 있다

꽃무릇

신기루의 꿈꾼 후
서둘러 어설픈 기억을 감추노니
허무한 무지개로
눈물 가장자리에서 굴절된 언약

순수를 탐하여
손닿을 수 없는 허공에 안치한 과거
파계破戒의 두려운
바닥으로부터의 황홀한 도피

낯익은 그리움
선홍의 넋두리가 몽실한데
정수리에 찍은 화인火因 선명하여
무수한 낯선 물음표

아! 어쩌랴
속눈썹에 매달린
이 눈빛뿐인 뜨거운 고백을…

출생의 비밀

엉겹결에 데려다
업둥이로 키운 어정쩡한 느낌
출생의 비밀을 지켜주려
혈통의 엄격한 감시와
근본을 묻는 날카로운 눈초리에 찔리면서도
짐짓 모르쇠로 일관했다

무작정 뒤밟아
무릇 흉내 내며 떠돌던 습작의 눈치
유명세와 혼음混淫을 한
누구의 자식이라는 소문 자자하지만
무명시인이란 천대 속에서도
이만큼 공들여 키운 아비임을 주장하노라

| 박 득 천 |

• 시작노트 •

詩란 개념도 모르고 써 온 글들을 벗友 박미라 시인이 우연히 보고 詩 쓰기를 권유하면서 詩 선생을 자체했다. 2년간 공부를 하면서 매일 서너 편의 글을 詩라 썼다. 우연한 기회에 등단을 하고 나서야, 내 글이 눈에 보였다.

가슴은 詩를 쓰고 싶은 욕망으로 들끓고 있는데 머리는 사래질이다. 쓰면 쓸수록 詩는 어렵다. 탈고는커녕 퇴고조차 못하고 군내를 풍기는 습작들…….

나는 매일 펜을 든다. 詩를 쓰기 위한 욕망에 사로잡혀…….

지금은 詩가 어려워 풀어내지 못하지만 이 욕망만은 식지 않기를 바라면서…….

• 아호/ 雜草잡초 • 출생/ 전북 고창 • 한국문학작가회 詩부분 등단
• 청옥문학회 정회원, 시의 전당 푸른 원두막회원, 문학시선 중부(대전,충남북,세종,전북) 지회장, 열린동해문학 정회원/고문, 한국시조문학진흥회 회원
• 윤동주 탄생100주년 시비건립 문학공모전 수상작가선정
• 꾼과쟁이 9 참여(공저)

바라기 삶

밤하늘, 은하수 위에 하고성 반짝이고
직녀성 끊어진 오작교 아래로
그리움 태워, 빛으로 흐른다.

구름 사이로 낙수처럼 떨어지는 빛,
눈물 너머로 밝게 여울져 번져가고
재로 떨어진 사무친 마음은
밤을 먹고 사는 분꽃으로 피어난다.

가뭄

호르지
못한 물길
갇혀온 시간만큼

외로운
몸부림에
녹조진 대청호수

힘겨워
위胃아닌 맘心에
술 한 잔을 붓는다.

[산문] 할멈 뭐 심지

동산 끝자락에 반쯤 걸린 해,
철쭉 향 아침 이슬에 젖어 떨어지는 산비탈 밭,
호미 찍는 소리와 할멈의 가쁜 숨소리가 산새를 깨운다.

상치 모종, 방울토마토 모종 등을 나르는 영감
노부부만큼이나 늙어가는 너와집 흙벽,
힘겨운지 널브러진 낡은 지게 옆에 주저앉아 막걸리를 들이킨다.

동산을 넘어선 해,
낡은 수건으로 가린 할멈의 주름, 앞니 빠진 입으로 마늘종 장아찌를 오물거리며
모종 한 번, 비탈밭 한 번 바라보는 할멈, 영감은 말없이 고개를 끄덕인다.

나를 부르는 할멈의 손짓,
막걸리 한 잔을 따르며 파르르 떠는 영감의 손
마늘종 장아찌 하나 들어 노부부의 정을 들이킨다.

내가 있는지, 없는지
노부부는 눈으로, 마음으로 대화를 한다
"할멈 저 밭에 무엇을 심지"

고단한 삶

- 짝사랑 -

난생이 살풍경한
생가지 끌어안고

가난한 어부들은
바다에 몸을 판다.

암석에
밀려 쫓겨난
부서지는 파도여

* 난생 : 세상에 태어나서 이제까지.
* 살풍경하다 :
  1. 풍경이 보잘것없이 메마르고 스산하다.
  2. 매몰차고 흥취가 없다.
  3. 광경이 살기를 띠고 있다

[산문] 꿀벌을 보며

오랜만에 하늘이 속살을 드리웠다.

가을날처럼 청명한 하늘에 드문드문 구름 조각들, 몇날을 비에 젖었던 자연의 소품들이 햇살 욕浴을 즐기고 있다.

해바라기, 황금빛 진한 향기에 꿀벌들이 부지런을 떨고 있다.

가을에 우화羽化한 꿀벌은 그 이듬해 봄까지 살지만, 여름에 우화羽化한 꿀벌은 두 달밖에 살지를 못한다. 무더운 더위를 이겨내려 많은 에너지를 소비하며 본분을 다하는 꿀벌, 수년을 살아가는 여왕벌 한 마리를 위해 얼마나 많은 꿀벌들이 희생을 할까?

여름의 꿀벌을 보고 있자면 애잔한 마음이 든다.

꿀벌들은 알까?

여름 꿀벌들은 알까?

두 달밖에 살지 못한다는 것을?

며칠을 일하지 못한 꿀벌들의 분주함, 쉬지 못하는 날갯짓, 잠시 꽃술에 앉아 쉴 만도 한데 15미리 안팎의 몸뚱이는 지칠 줄을 모른다.

한 마리의 여왕을 위하여…….

자신의 몸뚱이를 대신할 애벌레를 위하여…….

어찌 보면 당연한지도 모른다. 살아가야하는 이유와 삶의 목표이겠지……

나는 저들의 삶이 부럽다.

| 박 종 성 |

• 시작노트 •

공공 도서관을 찾아갔다. 시집 칸을 찾는 30여 년 만의 발길은 당황스러웠고, 희미한 기억 속에 겨우 더듬은 도서분류법.

낯설면서도 낯설지 않은, 학창시절 도서관 문 닫을 시간쯤 문득 주위를 둘러보고 등줄기를 휘감던 전율! 다시는 맛볼 수 없겠지만 양파껍질을 까는 작업이 몹시 맵다.

열정은 다시 일상화돼 가지만 양파껍질 속의 막은 왜 보이질 않는지 은근히 오기와 재미가 뒤범벅이다.

• 출생/ 경남 진주
• 청옥문학 시부문 등단, 청옥문학 시조부문 등단
• 청옥문학협회 이사, 시의 전당 푸른 원두막 회원, 석교시조문학 회원

치명적인 사랑

단 한 번의 사랑을 위해

꿈을 꾼다
겹겹이 감추면서도 감출 수 없는 본능

언제나 사랑받고 사랑 주기 위해 조심스레
화장을 하는,

온몸으로 껴안은 날은 언제나 환희로워

얇디얇은 심장이 부서지지 않도록
당신의 어깨에 다가가 환한 빛을 주는
랩핑

나긋나긋한 몸짓으로
오직 그만 바라보는 목숨 건 독선에

단 한 번 허락한 몸짓에
순수는 언제나 싫증으로 상처받고

모든 걸 다 주고도 언제 구겨질지 모르는,
결코 먼저 나서지 않는 첫사랑

옹이

오래된 금욕 생활 스스로 상처 내 은밀히 비어 낸 한 칸이 있다

눕지 못한 상처는 개미에게 내어 주고

매미의 앙칼진 욕지거리에 꾸역꾸역 삼키는
표백제

참을 수 없는 건기에 유산 전 숨길을 막고
지 몸을 몇 번 지지고서야
비릿한 숨구멍 흔적으로 남는다

배꼽의 상처는 한숨보다 깊고
새벽이 하소연하는데

밤새 내리는 비,

온몸으로 흐르는 감당 못 할 정념

꼿꼿한 싸릿대가 퍼렇게 쳐다본다

덩굴장미

머리와 가슴이 너무 멀어
차마 말을 못 하고 손대면 울 것 같은

깨문 입술에 미소가 말갛다

안쓰러운 모가지로 눈치만 보다가
부끄러워 들지 못하는 고개

담장은 든든하지만
슬며시 어깨만 갖다 대고

짐짓 앙칼진 모습,

옷보다 분칠이 더 고와 종일 떠나지 않는
두통
뒤돌아 흘기던 눈가에 이슬이 반짝이고

끝내 감당 못 해
붉은 마음 겹겹이 내보이고

뚝뚝 고개 숙이던
가시보다 더 치명적인 뒤태라던,

제로 역학

허기에 겨운 타워 주차장이 가르릉거린다

왁자한 점심시간
한낮인데도 휑한 두 눈이 불을 켜고
어둠을 더듬어 여기저기 발톱을 오므린다

허공에 떠 있는 구름이 열기를 풀어제껴
한바탕 요란한 소나기가 지나가고

제로 역학을 푸는 손가락에 휴식이 없다

꽃잎의 신열이 땅 위에서 오랫동안 흩어지기도
하고
결혼과 부고 소식이 뒤엉켜,

선입선출이 적용되지 않는 주차기 모니터

대기실에 허상을 뱉어내고 차가워진 그림자
커피숍에선 뱉어낸 말만큼 시간을 삼키고
만족해하는,

타워기 어느 칸에 침묵이 발톱을 당기는데
늦게 온 미소가 환하고

손가락이 허기를 풀고 있다

나무의 이분법

미안할 땐 잠시 고개를 숙이기도 한다

오래전 가족의 식탁을 차리던 폐선 한 척이
검은 눈을 뜨고 있다

풍랑에 흔들리던 꿈이 한 곳을 응시한 채
꿈쩍도 안 하고

풍성하던 식탁에 붙은 압류 딱지에 등뼈가
뒤숭숭하고
뒤척이지 못하는 한숨으로 내어 준 가슴 한 쪽,

세입자가 또 다른 꿈을 꾼다

죽은 고목에 자리 잡은 몰염치한 삶의 무게에
고개를 숙여 보이고

타인의 삶으로 바라보고자 하는 하늘

잊혀져 가는 기억을 잡았다 놨다 하지만
내어 준 자리가 아름답다

전설은 신전의 한 자리를 차지하지만
바람은 한곳에 머물지 않고,

| 소 인 선 |

• **시작노트** •

늦깍이 등단으로 결혼식을 올리는 기분에 좋아만 하려 했는데 사랑만 하고 즐기고 살고 싶었다.

시와 결혼하여 같이 살기로 작가로서의 약속.

책임 반 사랑 반 의무를 다하며 고뇌와 행복도 함께 엮어 나가며 나에겐 가장 행복한 시간들이다.

- 고향/ 전북 진안군 • 청옥 문학 시 등단
- 청옥문학협회 정회원, 청옥문학후원회 재무차장, 시의 전당 푸른 원두막 회원, 석교시조문학 회원
- 시의 전당 푸른 원두막 2집 공저

담쟁이 사랑법

당신과 인연
험한 길 담벼락이어도
한 걸음씩 천천히 걸어갑니다

작은 발목
마른 풀잎으로 누워
바람에 날려 지워지는 그날까지

당신의 어깨너머로 세상을 바라다보며
사랑을 키워 봅니다
얼룩지고 구겨진 상처는
얼른 덮어주며

당신을 볼 수 있고
느낄 수 있고
만질 수 있는 나는
참 행복합니다

눈을 떠도 곁이고
감아도 곁인 당신의 자리에서
나를 빛나게 하는 이치 깨닫습니다

비 갠 후 금정산

푸른 나뭇잎 온 밤 내 목욕하고
새벽안개를 수건으로 슥슥 닦아서 윤기가 자르르

풀잎마다 마알간 진주알
달랑달랑 달았다

파란 숲속엔 산새들 노랫소리
고요한 아침잠 깨우고

돌 틈 사이
작은 여울 물은 숨었다 나왔다
숨바꼭질하면서 졸 졸 졸 웃는다

나도 노랫가락 흥얼거리며
여울 물 발 담그며
숲 속공기 두 팔 벌려 마신다

믹스커피

하늘이 흐리고
빈 가슴에 헛헛한 바람이
들랑날랑 거리면

알 수 없는 너의 마음속 같은
믹스커피
너를 마시고 싶다

섞여 뿌옇게 흐린 황톳물
퍼져오는 온기를
두 손으로 꼬옥 쥐었다가
뜨근히 나의 오장 육부로
흘러
그 온기며
그 알 듯 모를 듯한 속이 보이지 않는
황토물 너가 그립다

내 뱃속에
가끔씩은
너를 후루룩 마시고 싶고
때론 간격을 쉬어가며

마시면서
네 향기에 취해서
다시
나의 일상이 되는
너는 나의 에너지다

그때

때를
잘 풀어야 한다

묶었던 욕심
씻어 놀 때

언제가
그때인지

마음에
흐린 거울
말갛게 닦을 때

내 때
속 훤히 들여다 보일 때

그때가
지금 이때
오늘 이때

내일은 오지 않는 때
오늘이 지나면
돌아오지 않는 때

오늘이 그때이다

산책길

나 홀로 산길 걸으니
길동무 되어주는 산새 소리
내 발자국 소리

늦가을 낙엽 향기 발밑에 가득하고
아기 단풍 빨간 잎은
햇살에 더욱 빨갛다

바람은 가끔씩 불어와
가슴에 살포시 안기고

나는 하늘을 보며
숲을 바라보며
내가 걸 어온 저 만큼의 길
내려다보며
걸어가야 할 목적지 저곳도
올려다본다

| 송 경 희 |

• 시작노트 •

물 흐르듯 숱한 시간은 빠르게 스쳐간다. 순간을 잡으려는 찰나 아주 귀중한 삶 속으로 회귀한다. 잊으려 해도 잊을 수 없는 놓치며 살아온 삶의 지표, 곤고하게 한결같이 시어를 붙들다 붙들다 차라리 시원한 소낙비로 온몸을 적시고 싶다.

폭염에도 깊은 울림을 주는 내게 주는 메시지 시작詩作은 업그레이드된 또 하나의 행복이다.

• 출생/ 충남 논산 • 부산시단 등단
• 부산문인협회 회원, 새부산시인협회 봉사차장, 청옥문학협회 편집위원
• 시낭송가. 부산시단 작가상 수상, 국제 차어울림문화제 차시공모 수상
• 시집: 『무지개 차를 마시며』

새벽 풀잎

풀잎은 그리운 언덕을 달린다
도시의 옷들을 훌훌 벗고 사는
새들이 둥지 튼 나무와
예쁘게 단장한 꽃이 있는 언덕

콧등을 스치는 바람
풀잎 위로 힘겨운 침묵이 감싼다
어둠 속에 고개 돌리고
좌우로 눈을 껌벅거려 본다

펄럭이는 그늘을 훔쳐가라고 부탁해도
뭉게구름은 흔들리며 떼 지어
변해가는 시간이다

이슬이 찾아와 현란한 옷을 입힌다
아침 해가 밀려와도
모르는 척 산기슭에 눕는다

숲속 향기

저마다 푸르름을 뽐내는 계곡에
농염한 여름이 메아리로 젖는다

허브랜드 콘서트 장 처마 끝
흐르는 물줄기는 수채화가 된다
계곡 물 위에 몸을 던지는
숲속 바람 사이로
화음을 튕기는 빗방울이 이어진다
향기로운 허브향이 배회한다
잃어버린 꿈 끝자락에 목이 메어
오히려 열망하는 여름에 갇힌다

내 앞에 들썩이는 풍경이
배내골에 앉는다

2악장 바다에 가다

그대 부르지 않아도
내 길 밖의 연주를 들으러
광안리 바다에 간다

웃어주는 바다
내 시선이 머물 때마다
다른 모습으로 꼬리를 치켜든다
조용하다 점점 가파르다
다시 숨을 고른다
2악장 마지막을 몰고
바이킹 타듯 무섭기도 하고 즐겁기도 한
막다른 오르가즘에 다다른다

그대 만난 후
흐림에 맺혀있던 눈물이
뭉텅거리며 쏟아져 나온다
활짝 피워내는 설렘의 뱃길을 연다

짐을 놓고

가끔은 떠도는 새가 되고 싶었다
얼결에 발버둥 쳐 뛰어가는 개 꽁무니 따라 날고 싶었다
바다 아래로 가라앉던 머리가 하얗게 술렁이며 낮으로 달려간다
어수선하던 가닥을 스스로 풀고 다음 역에 다가서는 징검다리를 놓았다
파도치는 가슴은 천천히 다음 시간을 붙들며 한 꺼풀씩 무장을 갖추었다
어슬렁거리던 어둠을 뚫고 있다
한밤을 움켜쥔 피라칸사스는 거리에서 붐볐다
겨울 별빛이 솟구쳐 내렸다
하늘만 바라볼 소망 꽃으로 간사이
공항에서 짐을 놓았다
줄지어 돌아가는 인파 속에서 눈을
들어 새로운 매듭을 연결 지었다
기차는 돌아가는 출구가 없었다

비를 맞다

하얗게 젖은 땀방울이다
긴 여름 끝 사이
땡볕에 기다리고 섰다가
튕기듯 함께 뒹구는 아이들 어울림
분수 비 바라보면
흐뭇한 한나절 땀방울이다

가녀린 나뭇잎 잎마다
마른 가슴은 소낙비 소리에 젖는다
벌판 끝 무지개 걸러 달려가 볼까
피로는 숨겨두고
빛으로 쏟아지는
다정한 숨소리를 들을 일이다

| 신 경 환 |

• **시작노트** •

우리 선조들께서 물려준 정신적 문화유산 가운데 그 값을 따질 수 없는 것이 시조라 생각하며 글을 쓰면서 갈증이 나던 마음이 행복이라는 이름으로 채워지고 이제 글쓰기를 통해 내 안에 웅크린 마음의 소리를 실타래처럼 풀어보겠습니다

• 아호/ 右晙 • 출생/ 경북 군위군
• 청옥문학 시조 부문 등단, 청옥문학 시 부문 등단
• 청옥문학협회 재무 국장, 청옥문학후원회 감사, 시의 전당 푸른 원두막 재무
• 석교시조문학 회원

더듬다

산비탈 꼬부랑 밭 육 남매 키운 젖줄
자식들 굶길세라 애타던 마음 자락
이제는 호미 자루만 녹이 슨 채 잠자네

산허리 늙은 고목 지금도 푸르른데
어매는 어디 가고 잡초만 서성이나
희미한 상념들만이 밭고랑에 뒹군다

골짜기 내려오는 달콤한 바람 한 닢
굵은 땀 닦으시던 아버지 간곳없고
먼 산에 메아리 소리 애달프고 서럽다

지게

이마의 주름만큼
어깨를 짓누르고

손마디 굳은살이
터지고 갈라져도

작대기 굳게 잡고서
일어서는 아버지

마음이 머무는 곳

산사에 바람 일어
고목이 춤을 추고

목어가 헤엄치며
숲속을 떠다녀도

처마 밑
득도한 풍경
요동 없이 잠잔다

사랑비

가물어 마른 가슴
갈라진 틈 사이로

끝없이 스며드는
포근한 그대 마음

소낙비 적신다 한들
임 사랑만 하리오

덩굴장미

내면의 가시 뱉어
맑은 꽃 피어나고

엉키어 설킨 고뇌
향기로 흩뿌리며

세상사 모든 상념을
꽃잎 속에 묻는다

| 신 순 희 |

• 시작노트 •

시를 쓴다는 것은 건강한 마음을 얻으려는 쉼터와도 같다.

글을 쓰면서 얻는 소소한 행복이 불행하다고 느끼는 감정을 조금씩 작게 만들거나 잊게 한다. 내 안의 나를 잘 정리 정돈해가며 타인의 심상으로 조명해 보기도 하며 좀 더 이해하는 폭이 넓어진다.

행복을 찾는 습관이 자연과 더불어 살아가는 좋은 예이기도 하다

겨울을 지나 맞이하는 포근한 봄 햇살과도 같다.

• 아호/ 산여울 • 출생/ 경북 봉화군 출생 • 민주문학 등단, 청옥문학 시조 등단
• 민주문학 동인지 공저, 민주문학 봄 여름 계간지 공저, 민주문학 여름호 계간지 공저
• 청옥 문학협회 회원, 석교시조문학 회원, 시의 전당 푸른 원두막 회원

빗속을 걸으며

어깨에 기댄 우산 위로 투두둑 터지는
물방울은 도심을 차분하게 합니다

메마른 논바닥에
부슬부슬 적시는 꽃비는
개구리들의 목마름까지도 챙깁니다

생각의 무거움도
마음의 가벼움도
그뿐인 것을 스며들고
젖어드는 것이 어디 한숨뿐이랍니까

손바닥을 펴 밀어내어도 파고드는 것은
그대 그리움뿐이랍니다

민들레의 영토

당신에 대한 기억이
민들레 깃털처럼 포근하여
내 마음 아프게 아려올 때면
두리뭉실 흘러가는 계절 속에 따라가고 싶습니다

당신이
뿌린 씨앗이 어느새 당신을 닮아갑니다

거센 바람에도
산들바람에도
온몸을 맡긴 채
오직 자식만 잘되길
바라는 마음

흩날리는 흰머리카락 사이로 보이는 속살
연하디 연한 가냘픈 허리
살아온 세월만큼
인생의 쓴맛 단맛 홀로 안고 피어납니다

풀피리 소리에 그리움 싣고
유유히 날아가는
그 길을 함께 날아올라봅니다

들풀 같은 인생

산이 생기기 전에
바다가 출렁이기 전에
하늘이 펼쳐지기 전에
난, 어느 곳에 있었을까

천 년도 어제 같으며
백 년도 어제 같으며
밤의 한순간과 같이
지나가는 세월 속 수많은 얼굴
들풀처럼 피고 지고

괴로움 당한 시간만큼
화를 당한 시간만큼
인생을 기쁘게 할 사람
그 누굴까?

한여름 가뭄에 시들었던 산야초
새벽이슬에 생기를 찾듯
들풀 같은 나의 인생에도
새벽이슬 내려 주네

휴가와 휴식

근로 의무가 면제된 날에
무엇을 할까

안팎으로 지친
심신의 회복을 위해
무엇으로 채울까

시대적 풍조 속에서 허우적거림보다는
건강한 심성을 일으켜 쉼터를 만들고
지금보다 먼 곳을 바라보고
나에게 주어진 휴일
따뜻한 눈길로 세상을 바라보며
인생 이야기 한 올 한 올 수놓는다

물컹물컹한 붉은 심장
주물럭주물럭 달콤한 유혹
벗으면 벗을수록
입안 가득 고인 육즙
아이보리색 민낯이 내 삶이다

칡꽃 향기 맡으며

시선을 사로잡아
피어오르는 칡꽃 향기에
뜨거운 햇살을 싣고

마지막이 될지도
모르는 여름날
대지 위를 두루 다니며
얼키설키 엮어온
세월의 휘장을 내려봅니다.

한 줄기 빛이 어루만진
다채로운 숲속에
가을이 오면

떠나는 계절도
다가오는 마음도
모두가 사랑뿐입니다.

| 심 애 경 |

• 시작노트 •

내 가슴속에는 일생을 한 번도 쉬지 않고 똑딱거리는 시계가 있다.

늘 쉬지 않는 아침이 새롭다. 한밤을 눠어준 이도 없다. 부재를 가르고도 시계는 돈다. 회전반경은 참혹하다. 늘어진 다리 한쪽을 기대 정오를 외친다. 태양을 쫓던 시침과 분침은 시작과 종점은 같은 곳에서 또 기다린다.

• 아호/ 珊池(예지) • 출생/ 전남 해남 • 청옥문학 시조 등단, 청옥문학 詩 등단
• 한국 시조문학 정회원, 계간 청옥문학 편집간사, 청옥시조문학 사무장, 청옥수필 문학회 이사, 청옥문학협회 시조분과 회장, 석교문학상 우수상, 시의 전당 푸른 원두막 총괄리더, 석교시조문학 총괄리더
• 저서 『시가 있는 아침』(공저 시집), 『산책로에서 만난 詩』(공저 시집), 『사랑한다 너여서』(공저 시집), 『시의 전당 푸른 원두막』(공저 시집) 외 다수
• 시조집 『혼을 담은 시조 향기』 • E - mail : simsag1212@naver.com

詩作의 始

길 잃은 바람이 빈 의자 앞에서
울음으로 펄럭거린다
무지갯빛 벌판 위에 새벽이 굴러다니고
밤사이 누군가 머물렀던 길가의 의자에
지난밤 내리는 안개비에 떨어진 꽃잎들이 자기 자리인 양 드러누웠다

아궁이 굴뚝은 모락 모락 밥 향기만 몰고 돈다

뜨락 한 귀퉁이에는 화들짝 놀란 꽃대가
꽃불을 훌훌 털고
어제의 빼근한 몸이 너무 무거워
풀잎 사이 새어드는 해맑은 봄볕을 하나 둘 주워본다

수호신

별빛 줍는 밤길을 헤매다
낯익은 골목길에 푸른 바다가 노래를 부르고
매일 비린 밤을 물어왔다
허기진 배 움켜쥐고 엄마를 애타게 기다리는 아이

밀려든 파도 소리의 메아리만 맴돌아 어머니 푸른 텃밭의 바다는
거침없이 모래층만 기울고
허리를 오므린 채 손등 위에 올려놓은 바다를 품은 엄니
홀로 계신 노모는 해남바지락 노래만 줍고 계신다

어머니 곁에는 지금도 바다 냄새가 난다

수천 년의 세월 일출 한 몸에 품고
일용할 양식의 수호신.
청춘의 날개 단 황금 들판은 청보리가 익고 아득한 추억 보따리
빼곡히 쌓인 아름다운 추억 묻어나는
해남 바다가 늘 그립다

기억 한소끔

선풍기가 없던 여름날 멍석 위에 지나는 바람
한여름 밤을 시원하게 내몬다

아버지 앞 마당에 보리 짚을 피우시면
극성맞은 모기도 함부로 달려들지 못한다
어머니와 오 남매는 허물벗는 뱀처럼 드러누워
밀물처럼 오고 썰물처럼 가는 길
야~! 저기 달이 지나간다

가난할수록 친숙해지는 여름

어둠 속 닻 내린
풀벌레의 합창과
옥수수 알을 세는 오 남매 하모니카 소리
달콤한 음악으로 흐른다

머리맡 지키던 별들도
새벽에야 어둠을 말아 자리를 뜬다
아침 햇살같이 웃으며
새소리처럼 재잘거리는 가난도
식구들과 함께 살았던 한여름 밤은

저 그리움의 얼음조각처럼 사라질
토막의 추억들

세월이 갈수록 남은 기억 허물어져가도 가족의 행복한 발자국은
꽃씨처럼 여문다

기다리는 시간

널 향한 체온만큼 뜨거운 밤
눈부시게 가슴으로 밀려와
골목길 가로등 아래 졸음에 찬
깊은 눈빛

별빛 내려앉는 밤길
바람에 안부 묻는 여인아
자물통 입에 물고
그대 오기만 기다리며

세상에서 기다리는 일처럼 가슴 아리는 일 또 있을까

여울물
재잘거림에 그리움만 깊어
잠보다 무거워지는 속눈썹만 떨군다

나무와 잎

고통 너머로 서성이는 시간 속에
묵묵히 서서 버터 온 날의 눈빛에는
오래 짓무른 시간의 냄새가 난다
계절을 짊어지고
햇살에 숨겨놓은 이파리
한 장 한 장
세상에 펼쳐놓았다

어느 날
잎새의 무늬를 보고
나무의 언어를 알게 되어
빗장을 풀고 수십 번 수백 번 꾸었을 꿈
서서히 붉게 물들은 무지갯빛 가슴
언제나 붉다

고요의 두께만큼 깊어가는 숲길 속
바람 속에 여전히 남아있는 추억들
나무는 흔적을 나이테에 새겨놓았다

| 어 성 달 |

• 시작노트 •

심호흡을 한 번 하고 나는 오늘도 시를 쓴다. 시는 나를 깨운다.

한 영혼을 더 절실히 기억하게 되고 사람과 사람 사이의 관계를 살피는 성찰의 촉각을 나에게 준다. 시가 바로 내 영혼의 혈육인 탓이다.

슬픔을 혹은 사랑을 퍼 나르는 열정으로 나는 저항과 의지의 저 가녀린 시어들을 오늘도 꺾는다.

• 아호/ 流水(유수) • 고향/ 부산 • 한국미소문학 시 부분 등단
• 부산 청옥 문학 문인회 이사, 부산 청옥 문학 후원회 부회장, 부산 석교 시조문학 회원, 시의 전당 푸른 원두막 부회장, 청옥문학 편집위원
• 동인 공저시집 『시인의 계절』(2015), 동인 공저시집 『시가 있는 아침』(2016), 동인 공저시집 청옥문학 『시의 전당』(2017) 출간

풍경 속 시를 품다

회색 하늘
연두색 풍경 속으로 걸어올 때
훅 하고
방패연 같은 시화가 허공을 날았다

24 돌계단 오르기 전
말끝을 흐리며
그날 감긴 눈으로 시를 읊어 주던 빈 항아리
잘록 허리춤 봄꽃이 필 것이다

시를 쓴다는 건
빈 세상에 따듯한 말 한마디 전해주는
가슴 콩닥거리는 들꽃 등에 지고 가는 거라고
샛바람은 배시시
바람난 목각인형 오입질 한창이다

풍경 속으로
방패연 나풀 나풀 날리는 시화
그리고 그대들 고운 눈동자 속으로
물방울처럼 미끄러지는

비에 젖은 시 한 편
구슬픈 색소폰 소리

오늘 내가 본 것은 아무것도 없다

바람난 아내를 찾아 떠난
동네 어귀 작은 슈퍼 아저씨

텅 빈 가게를 마주한 담벼락
소변금지
크게 그려진 가위가 슬금 기어 나와
자궁을 빠져나올 때
질기게 달고 나온 탯줄 자르듯
두 동강 난 가족

집 나간 며느리를 기다리며
담벼락에 쪼그리고 앉아
가을보다 먼저 온 고향을 만나는 아버지
바람도 불지 않는데
손을 가리고 담뱃불을 당기는 주름진 손

손끝에 날리는 기침
기침을 따라가다 보면 환영처럼 나타난 얼굴
아 나의 엄니
포르말린에 취해 눈만 살아있는 배싹 마른 몸

그 눈 속에 두 마리 학이 노니는 모습을 보았고
꾸역꾸역
어미소처럼 못난 아들 되새김질하고 있다

사랑도
흘러가는 강물의 소리를 들을 수 있는 맑음이라면
불륜으로 성기가 잘린 남자 이야기도 없을 건데
다시 엄니의 자궁 속으로 기어 들어가 잠들고 싶은

오늘 내가 본 것은 아무것도 없다

홍룡사 가는 길

도심을 빠져나와 양산 국도를 가다 보면
차에 깔려죽은 고양이 시체와 길을 잃고 넘실대는 나비 한 마리

소음과 혼탁한 공기는
그들에겐 히로뽕 같은 어지러운 환각제 같은 것일지도 모르는 일

도심을 빠져나온 사람들은
술병을 들고 사랑에 취해 혼미할 때
난 시골 아낙의 치마에 붙어 비린 분가루만 날리는
수많은 나비들을 사냥하고
아낙의 젖가슴을 유린하는 눈은 자유롭지만
한 움큼 절망과 가슴을 칼질하는 바람

멀리 한가로이 떠다니는 홍룡사 종소리 밟고
오솔길을 걸으면
노송에서 풍기는 향에 취하거나
군데군데 어느 모텔 창문에서 새어 나온
신음소리에 취할 수 있지만
이곳에선 피를 흘리는 도심의 일탈한 문명도 없고
스님의 목탁 소리와
모텔에서 흘러나온 누런 생리대가 아내

얼굴과 겹치고

난
지난 태풍에 죽어버린 허수아비처럼 누워있다

이별이 너무 길다

오늘 나는 흐린 하늘 구름 속에 꽃씨를 뿌렸다
언젠가 그 언젠가 꽃들이 가랑비 되어
내 이름을 부르며 내리길 바랐다
가파른 그대 어깨를 넘어 숨 가쁜 하루
그리움이 아득히 흐린 하늘로 기어 올라가고
점심 먹으러 간 후미진 골목 동태탕 집
남편하고 싸웠는지 대낮부터 소주 두 병 마시며
힐끔 곁눈질하는 아낙네
술잔 끝에 칭얼대며 바람이 불었다

점심을 먹으며 돌아오는 길
늘 위장은 아팠다
문자를 보내고 바람은 멱살을 휘어잡고

혹시 기억나세요?

그대 가슴에 흐린 물감으로 하늘색을 칠한 날
눈 감으면 안개비가 머리끝까지 흔들리며 내린다는 것을
이별하기 어려운 날은 비를 기다리고 음악과 놀고
노래방 도우미 사타구니 손 넣고 이만 원 뜯겼다는
친구 전화에 낄낄거리다

나 역시 그대 입술을 묻어 별이 되는 꿈을 꾸곤 하였다

그리고 작은방 벽면에 천경자의 옷 벗은 여인
그림으로 웅크리고 누워 있는 그대를 바라보며
그리움으로 혹은 그대가 허락한 별로 낡은 시 한 편 쓰는 쓸쓸한 하루
문득 사랑을 뉘우치고 낡은 시를 쓰고 나면

그 비좁고 습기찬 그대 가슴을 힘겹게 걸어 가야만 했다

비 오는 날의 고백

빗물은 새벽부터 들릴락 말락 울음으로 아득하게 내리고
창문 때리던 바람에 가슴 베이면

저 울음 가슴에 박아놓고
비 오는 날 화장을 하면
꽃들은 다른 색깔로 견딜 수 있을까 혹시

꽃잎은 끝없이 목이 쉬었고

마치 어설픈 정사를 치른 뒤의 소묘 같은 그 비릿함 조금씩 묶어서
질질 끌려다니던 오후

기침을 하고
사랑한다, 그 말 다할 수가 없던 기억 때문에
채 식지 않는 빗물의 고백은 핏물과 같다

생리의 흔적처럼

| 오 용 섭 |

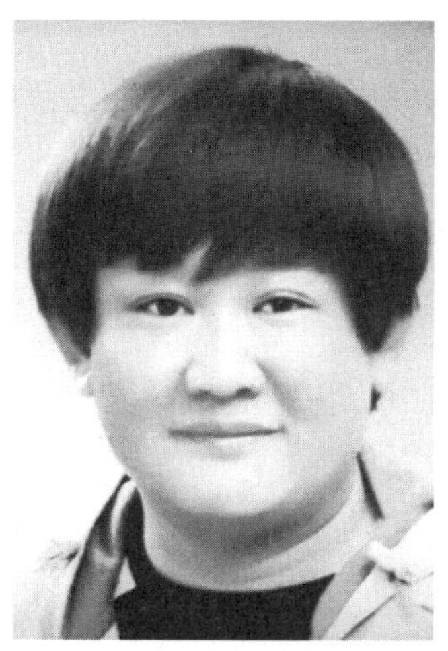

• 시작노트 •

열세 살 꼬마 시절 홀로 한 글사랑이 이제야 배움의 길을 걷습니다.

이상은 꿈꾸는 자의 소산물이자 결과이며 더 나아가 풍부한 견문으로 여름은 여름만의 꽃을 피우며 겨울은 겨울만의 꽃을 피워야하는 까닭을 품고 지금은 여름의 끝자락에 조심히 가을 문을 두드려봅니다. 감사합니다.

• 출생/ 충남 보령 • 청옥문학 詩 등단

• 청옥문학협회 이사, 시의 전당 푸른 원두막 회원, 석교시조문학 회원

길

비는 내려야 했고
눈물은 흘려야 하는
이유가 있으며

너를 내 안에 담아야 했고
현실은 너를 보내야만 했던
이유가 있을 것이다

이렇게 세상은 잃어가며
얻어지는 삶 속에 순리인 듯
살아가는 인생길

무더위가 피운 꽃

굽이쳐 흐르던
계곡의 급류에
더위를 실어보면

빼곡히 들어선
빛줄기도 물길따라
흐르고

시끄럽던 매미의 푸념도
오늘따라 귀의 맛을 돋운다

쉬어가던 폭염 속 그늘막
여름이 피운 웃음꽃

소나기

폭우처럼 쏟아지는 폭염에
갈증을 들어낸 목젖이 갈라지고

산과 들에 촉촉이 스며든 장마의
넉넉함에도 대지는 분노를 표출한다

갈라진 마음의 틈 사이로
희망의 꽃비를 내리어
적셔오던 물줄기는 흙더미를 따라
뿌리를 들어내고

소나기의 그리움은
숨통에 무개추를 더한다
들숨 날숨에 풍겨오는
그리운 향수

때 없는 빗줄기라도 지금처럼 내려주면

바람 타고 날려온
풀내음이 코끝을 자극하며
죽어가는 심장에 심폐소생을

시작한다

비는 씻어야 하는 기억으로 흘러가야 했고
소나기는 내 안에 스며드는 사랑의 갈증이다

갈증

떠나는 여정 난폭한 여름이
머리를 짓누르고
뜨거운 오르가슴에
거리의 여인은 하늘거리며
춤을 춘다

물 위를 춤추는 여인을 쫓아
고삐를 당겨보지만 멀어지는 여인은
여름이 피워낸 아지랑이 꽃

인간의 목마른 욕정이 만들어낸
보이지만 닿지 않는 무지갯빛 언덕

꿈꾸는 자의 소산물

온몸의 수분이 땀으로
소모되는 갈증의 순간에 만난
눈앞의 오아시스는 나의 오감을
자극하기에 모자람이 없었으며

떨어지는 마지막 한 방울까지도
입술 적시기를 원하는 갈증은
모든 것을 받아들이기에 주저함이
없었다

겨울을 사랑한 여름으로

한여름 건제함을 자랑하듯
뿜어대는 열기는
온 세상에 옥구슬 피워놓고
육수를 들어낸다

한낮의 선선함을
길섶 옆 구석자리에 던져놓고
달밤에 울고 가는 달빛 눈물이
말라갈 때

짧고도 세찬 소나기가
달아오른 슬픔을 달래준다
이렇듯 겨울은 여름으로
여름은 겨울로 서로를
기다린다

| 우종국 |

• 시작노트 •

시가 좋아 시를 사랑하는 사람들이 좋아 시문학 세계와 아름다운 인연을 맺었습니다. 시는 이제 제 삶의 일부가 되었습니다. 아니 삶의 전부라 해도 과언이 아닙니다. 비록 설익고 초라한 차림새이지만 보다 좋은 시를 짓기 위해 고뇌하는 순간들이 너무나도 행복합니다.

다만 내가 진심으로 바라는 것은 내 순수한 열정 다 바쳐 시를 사랑하고 이 생명 다 하는 날 시문학의 포근한 품에서 마지막 숨을 거둘 수 있기를 바랄 뿐입니다.

• 아호/ 월천 • 출신지/ 대구광역시 • 국보문학 시부문 등단
• 국보문학 정회원, 미당문학회 이사, 한국문학작가회 정회원, 시를 즐기는 사람들 정회원, 시의 전당 푸른 원두막 정회원, 석교시조문학 정회원
• 공저: 공동시집 꾼과 쟁이 제10호, 공저 :푸른문학 2018 여름호 초청시인
• 목련을 위한 기도 수록, 공저 :국보문학 내 마음의 숲 6권

목련을 위한 기도

하얀 목련이여!

그대
그 고결한 자태
경배하게 하소서

순백의 아름다움
찬미하게 하소서

그대
향기에 취해
이 봄 예찬하게 하소서

어느 날
꽃잎 산산이 흩어져
차가운 대지 위에

그대
고운 몸 누인다 해도
비탄에 젖게 하지 마시고

가는 봄
환한 미소로
작별하게 하소서

그대
낙화의 서러움마저
지극한 은총이라 여기시게 하시고

명년 봄 부활할 때
찬란한 기쁨으로
맞이하게 하소서

매미

그대
숙명의 굴레
등에 지고

칠 년여 세월
그 모진
나날들

오직
비상의 일념으로
묵묵히 견뎌내었다

인고의 세월 끝나던 날
수행으로 굳은 껍질
훌훌 벗어던지고

그렇게도
펼치고 싶었던
은빛 나래 활짝 펴고

물 찬
제비처럼
힘차게 날아올라

튼실한
나뭇가지에
터를 잡고

설레는 가슴으로
열정적인
구애의 노래 열창한다

한낮의 태양은
작열하고
남은 생 비록 짧지만

천생연분 만나
대를 잇는
막중한 소임 다하면

이보다 더 보람 있는 삶
이 세상
또 어디 있으랴

명이 다한 후
연약한 육신
형체 없이 사라져도

그대가 남긴 자손들
면면히 이어져
한여름 정취 더 하리니

뉘 있어 그대
보잘 것 없는
미물이라 비웃으리오

가을 그리고 그리움

가을이 되면
내 마음의 꽃밭에

그리움 한 조각
고이 심으리라

그리움 사무치게
무성해지면

국화꽃 향기에
그리움 실어

지금은 가고 없는
옛 임에게 띄어 보내리라

보고 싶었노라고
이 가슴 저리도록

사랑했노라고
진정 사랑했노라고

겨울 나무

裸身에
칼바람 몰아쳐도
춥지 않습니다

北風에 마지막
잎새마저 떨어져도
서럽지 않습니다

凍土에
서릿발 기세등등해도
두렵지 않습니다

나에게는
희망과 신념이라는
친구가 있으니까요

추운 겨울
묵묵히
참고 견디면

찬란한
새봄 올 것임을
잘 알고 있으니까요

따사로운 봄볕에
실개천 녹아
재잘거릴 때

꽃보다 예쁜
연둣빛 새 옷으로
이내 몸 곱게 단장하렵니다

낙동강

영남의
산천 경계
얼마나 수려했길래

낙동강
칠백 리
비단폭 깔았는가

흐르는 곳곳마다
젖과 꿀이 흐르고
인심마저 도타웁구나

자연 풍광마저
아름답기
그지없구나

굽이마다 명승이오
유역마다 절경이다

아~ 낙동강!
자양분 가득 한

영남의 젖줄

자애로운
어머니 품속같이
한없이 포근한 강

예부터 지금까지
洛水의 품에 안겨
살다간 넋 그 얼마였으며

물길 따라오고 가며
웃고 울던 숱한 사연
그 얼마였을까

이 은혜로운
강가에서
살아가는

정겨운
사람들 애환
물결 위에 띄우고

오늘도 낙동강은
쉼 없이
흘러만 간다

| 윤 소 영 |

• 시작노트 •

내 인생의 길목에서 남겨진 생의 한가운데 빗물 같이 후둑후둑 떨어지는 감성을 끄집어 내어 새로 조율한 현악기의 모든 아름다운 운율을 풀어내듯 시 앞에 조심스럽게 손을 내밀게 되었습니다.

하지만 시가 주는 감동은 제 삶을 채워주는 풍성한 여운이며 시가 머무는 자리는 상쾌한 삶의 신비스러움입니다.

눈부신 별의 이름으로 글을 쓰고 더 먼 곳으로 향하는 눈길로 마음이 흐르는 그 아득하고 투명한곳에 이슬같은 무엇이 있을까 밤새 고민하면서 내 영혼도 하얀 원고지의 여백을 빼곡하게 채워간다면 글을 쓴다는 건 얼마나 아름다운 침묵인지 알 것 같습니다.

그리고 앞으로 더욱 먼 문학의 길을 조용히 서두르지 않고 걸어 갈 것입니다.

• 윤소영(옥희) • 고향/ 서울 • 청옥문학 시부문 등단
• 청옥문학협회 재무차장, 청옥문학협회 회원, 석교시조문학 문인회 회원, 시의 전당 푸른 원두막 회원

보리굴비

망망대해 힘차고 우아하게 유영했을
그대 푸른 비늘 눈부신
꿈 많은 시절
저 머언 바다 끝의 그리움
한 두름 차곡차곡

수많은 이야기 가슴에 담고 바닷속 전설을 품고 온

천일염 간 잘 맞추어
절이고 통보리 속에서의 의식 잘 치른
꼬들꼬들 그리움 한 점
녹차물 말아

앙상한 가시 위에 목마름으로 기다리는
그대의 얼굴

그대의 일생을 탐미耽美하며 지그시 눈 감는다

어느 낯선 집

문득 골목길에서 모르는 사람
만났을 때의 낯선 느낌

내가 아닌 나
내가 모르는 나
불쑥불쑥 튀어나올 때

당혹스럽지만 내 안에서 움 틔우고 있는
또 하나의 낯선 집일까

풀잎에 이슬 맺히듯 감성 방울방울 여물어지고
꽃잎 입술 닿으면 살포시 눈 감는

낯선 누군가를 만나다

말차抹茶 고혹적인 香에 취하다

산사의 풍경소리가 고요히 내려앉는 고즈넉한 찻집

고목古木 시릴까 덮어주는 이끼의 겸손만큼
녹차향 은은하게 감싸는
툇마루 너머로

비 갠 날 수국 한 송이
물기 머금고 갓 피어난 속살 내보이며
수줍어 손 가리며 웃는다

고운 녹색빛 향기 다완茶碗에 담아
백합꽃 하얀 꽃잎 다선茶筅으로
격불擊拂하면
승무의 우아한 춤사위로 빚어낸 부드러운 거품

옛 선인禪人 다도茶道의 마음 다다를 즈음
연녹색 눈을 현혹시킨다

고귀한 혼으로 예법을 이어받으며 지켜온
비단결 같은 기품 품은

너의 고혹스러운 향기 어우러져 극치의 와비사비를 맛보다

* 다선茶筅 : 가루를 된 차를 물에 잘 풀리도록 젓는 도구
* 격불擊拂 : 抹茶마시기 위해 다선을 빠르게 움직여 거품내는 과정
* 와비사비侘び寂び : 투박하고 조용한 상태 (일본의 문화적 전통 미의식, 미적감각)

야상곡夜想曲

당신은 쇼팽을 좋아하나요

여름밤 별은 악보 위에 내려앉고
쇼팽의 녹턴 op9 no2 선율 귓가에 머물면

안개비처럼 내리는 하얀 피아노 건반 두 줄
길가의 풀잎 위에 이슬 되어 방울방울 맺힙니다

야상곡의 서정적 시를 품은 우아하고
아름다운 선율은 온 감각을 열리게 하고 가슴 떨리게 합니다

아련한 그리움 허공을 맴돌 때 부드러움으로 안아주고 격렬하게 품어 주었죠

윤디 리 yundi lee 조성진 젊은 연주가의 맑고 달콤한 연주에
헤매다가도

가끔은 깊고 풍부한 음색 백건우의 힘 있는 텃치의 쇼팽에 반하기도 해요

눈물 나도록 슬프면서도
눈물 나도록 행복해지는 건

사랑하기 때문이죠
I love Chopin

화단 속에 작은 농촌

작은 이팝나무 아래 옹기종기
모여 살고 있는 주홍색 나리 아이들 조잘 조잘

올봄
어여쁜 목단 아가씨 시집 갔다고

시샘하는 듯 옆집 장미 아가씨
새빨간 입술 뾰로통

뽕나무집 아들 오디가 연애하는지
싱글벙글
온 동네 누빈다

달님 마실 나와 베란다 난간에 걸터앉아
살며시 들여다본다

일손 부족하고 가뭄으로
향기로운 재스민 새댁 못 버티고
질긴 생명력만으로 살아있는
화단 식구들

달님에게 들킬까

미안한 마음
한 움큼 살며시 심어 주다

| 윤주동 |

• 시작노트 •

흐르는 세월에 실려 어느덧 지는 해를 바라보게 되는 생활 속에서 자꾸만 뒤돌아 보이는 것은 제 인생의 아쉬움이겠지요. 그런 심정을 쌓는 하루하루는 너무도 빨라서 그 경지가 허무를 생각하게도 만듭니다. 어린 시절부터 가슴에 응어리로 남겨진 마음을 풀어 가고 싶은 그런 마음을 표출해가는 글을 쓰고 싶습니다.

• 아호/ 상온祥溫 • 出生/ 경남 김해 • 登壇/ 문학도시 시 부문, 청옥문학 시조 부문
• 現 | (사) 한국 음악저작권협회(대중부문)회원, 부산광역시 문인협회 회원, 청옥 문학협회 회원, 석교 시조문학회 회원, 제4회 사하 모래톱 문학상 시조 최우수상 수상
• 著書 | 창작집 제1집 『세월무상』, 제2집 『낙엽 되어가는 바람』, 제3집 『청산 설』, 제4집 『가슴으로 우는 바람』, 제5집 『머물지 않는 바람』, 제6집 『돌아오지 않는 바람』, 제7집 『대답 없는 바람』 출간

갯바위

말없이 다문 입에
세월을 품었는데

부딪혀 멍든 파도
소리쳐 울음 운다

우뚝 선
그 모습에서
아버지를 보았네.

미운계절季節

쏟아진 빗물 담아
저 태양 멱을 감고

불볕에 타는 대지大地
이 몸도 덥혀놓아

엎친 데
덮친 소식은
태풍마저 온다네

장작長斫개비

메마른 가슴에도
잔정이 피어나고

이름을 태워가도
외침은 남았는데

지난날
어머니 모습
자식들의 그리움.

바람의 언덕

언제나 그러하듯
내일을 약속하고

설렘 속 만날 때면
기댈 곳 있어 좋다

어둠 속
달이 없어도
행복인 줄 알았네.

은모래 해변에서
갈매기 노래할 때

바람에 흔들리는
사랑도 익어갔네

꿈길엔
열매도 없이
한 줄기의 바람뿐

사발沙鉢

밥과 국 오만 가지
마음이 가는 대로

부엌의 얘기까지
모아서 담으면서

어이해
타는 내 마음은
담아주지 못하나

| 이 기 택 |

• **시작노트** •

조그만 텃밭에 씨앗을 키우듯이 한 알 두 알 정성스럽게 내 가슴속에 시의 씨앗을 심고 가꾸고 있다. 아직은 잎새만 한 잎 두 잎 돋아 있지만 훗날 그 나무에는 잘 영근 열매가 열릴 것이다.

서둘지 않고 조급해하지 않으며 정성으로 그 씨앗을 가꿀 것이다.

• 출생/ 제주 성산 • 청옥문학 시 등단
• 청옥문학 편집위원, 국제펜한국본부 회원, 국제펜부산지회 사무차장, 부산문인협회 회원, 청옥문학 작품상 수상, 시의 전당 푸른 원두막 회원, 석교시조문학 회원
• 청옥문학협회 이사

아들에게

누구나 하루에도 몇 번씩
갈림길 위에서 선택의 순간이 온다
그러나 네가 선택해야 하는 길은
오로지 한 길일 것이다

그리고 그 선택엔
믿음이 있어야 한다
과거에도 오늘도 그리고
미래에도 그럴 것이다

오늘의 선택은
미래가 결과를 말해 줄 것이다
우리는 무슨 선택을 하더라도
두려워하지 말고
너 자신을 믿어야 한다

믿음이 없으면 곧
실패하는 이유가 될 것이다
그리고 그 선택이 실패든 성공이든
책임은 본인 네가 져야 한다

하루새

이제 겨우 강 하나 건넜을 뿐인데
모든 것이 지나간 시간 속에
추억이 되었습니다

그리움을 안고 지난날을 보지만
외롭고 쓸쓸한 고독만 가득합니다

어디에 가든지 어디에 있든지
당신은 언제나
내 곁에 있는다 하였습니다

이제 겨우 하루 지난
어제 일인데
허전함은 가슴을 채우고 있습니다

하루새 모든 것을 가슴에 묻고
추억이 되었습니다

달 품은 바다

생각은 당신 곁에 머물고 싶어도
마음이 먼저
아득한 수평선을 넘는다

텅 빈 하늘에 둥근달
바다 위를 홀로 거닐고

생각 애써 외면 할 때도
내 마음 벌써 당신을
포옹하고 있으며

바다 물들인 붉은 달은
바윗돌에 내려앉아
밤하늘을 노래한다

또 다른 너

숲 가르지르는 바람
붙잡지 못해도
지나는 계절은 잠시
머물다 지나간다

뜨겁게 불타는 사랑
영원할 수 없으며
날마다
그 사랑으로 행복할 수 없다

지나는 바람 흔적 없어도
시간의 흐름은 의미가 있다
또 다른 계절이 기다리고 있기에

내리는 뙤약볕 아래 소나기 때문
우산을 미리 준비할 수 없을 것이다

수채화

하얀 도화지 위에
들꽃을 그려 향기 담으니
나비 날아와 꽃잎에 입맞춤 하고

넓은 초원에 울창한 숲 그려
푸르름에 생명 더하니
산새들이 둥지를 틀고 노래를 한다

노을빛 가득한 바다를 화폭에 담으니
일렁이는 잔물결이 내 손등을 간질이고

텅 빈 마음
하얀 종이 위에 그렸더니
아련한 추억만 가득하여라

| 이 미 경 |

• 시작노트 •

소외된 어르신들 위해서 노래로 흥을 돋우고 마음을 달래드리고 있습니다.

전국을 돌아다니면서 해드리고 싶습니다. 좋은 노랫말도 많이 써서 좋은 노래를 만들고 싶습니다.

- 고향/ 전북 • 청옥문학 2015년 신인상, 오은 문학 수필 신인상
- 양산 천성문학 제1회 동인, 전국 노래자랑 정읍시편 장려상수상, 새만금 도민 가요제 최우수상, 와글와글 가요제 대상, 동해 비치발리볼선수 · 임월 노래자랑 대상, KBS 네트워크 2004년, 정읍 시민 노래자랑 최우수상, MBC 단풍오감 시장 가요제 대상, 그 외 다수
- 대구의 통일 선녀 아리랑 선녀 대회 죽 선녀 시상 소방서 재능기부 도지사상 표창
- 2009년 전북 아침마당 출연, 2016년 경북 군위군 의흥면 사무소 노래교실 특강

무창포 신비의 바닷길

신비의 바닷가 석대두 섬 맺은 사랑 옛 추억이 되살아나네
천년만년 손가락 걸었던
첫사랑 내 여인 아
오늘도 너를 위해 달리고 달린다
소라 낙지 먹고 조개 꽃게 잡던 시절
지나간 세월 도둑 주름진 얼굴
은빛 물결 대신하는
첫사랑 내 여인아
무창포 신비의 바닷길 사랑합니다
동해야 호영아 오늘도 그곳에서 살아가보자
무창포 신비의 바닷길 석대두 섬아

김삿갓 아리랑 장터

아리랑 아리아리 아리랑 아라리요

어깨춤 덩실덩실 발걸음 가볍게
콧노래 부르네
빼고서 이 예쁜 얼굴 삿갓 옥수수
웃는 미소 따로 없네
각설이 한마당 폭염 속 어르신들
잘 익은 옥수수 감자로 대신하네
동강 아리수 노랫가락
김삿갓면 구성지게 사로잡네
삿갓 시인 넋을 잃고 왔다 갔나
지팡이 춤을 추네

막걸리 한 사발 시 한 수
세상 풍자 한바탕 웃어보네
콩국수 한 그릇 요기하네
상큼한 자두 어느새 침 꿀꺽
메밀부침 입맛 잃은 팔순 모친
흘러간 세월 덧없음 눈물 찔끔
전국 제일 포도와인 최고여라
스르르 혀 끝 타고 목 안으로

와글와글 버글버글
모여라 다 모여라 삿갓 아리랑 장터에

너도 나도 손잡고 구경 가보세
김삿갓 아리랑 장터로

내 고향 청소역

청춘아 내 젊음아 어딜 갔느냐
어느덧 은빛 물결 춤을 추는데
흘러간 세월 도둑 잡을 수 없나요
평행선 지나친 수많은 나날들
오늘도 만져보는 내 젊은 흔적 속에
땀방울 송얼송얼 사랑 꽃 피어보네
너털웃음 껄껄껄 날려보는데
옛 친구 그리워서 또다시 그려봅니다
꿈 찾아 떠난 내님 돌아오려나
엄마품 가득한 곳 내 사랑 청소역이여

사랑 광화문광장 천부

인왕산 자락 밑에 둥지 튼 광화문이여 두 눈 가득 웃음꽃 세종대왕 우뚝 섰네 광화문광장 이순신 큰 칼 차고 위풍당당 보금자리 치솟는 분수대 사이사이 청춘 남녀 사랑 꽃피우네 숱한 세월 눈으로 가슴으로 마음으로 달래주누나 소원 소망 이루어지는 광화문광장 서로서로 손을 잡고 달려가보세 서울의 자랑 기둥이여라 한없는 사랑으로 안아볼까나 나의 사랑 광화문광장이여

무창포에서

갈매기 너울거린 백사장 푸른 물결
출렁인 파도 타고 바닷가 서성이네
엄마 손 아빠 손잡고 거닐던
무창포에서
밤하늘 은하수 다리 건너
내 님 만나볼까
소주 한 잔 전어 한 입 입가엔 미소 가득
그날 밤 그 언약은 어딜 갔느냐
집 나간 며느리 돌아오는데
손가락 걸었던 그 맹세는 모래 속에 날려버렸나
아 ―아―아
오늘도 추억 속을 더듬어 보네
무창포에서 맺은 사랑이여

| 이 석 락 |

• 시작노트 •

바깥장림에서 산등성이를 타고 걸었는데 버스 노선은 없었고 등성이 따라 자동차가 다닐 정도의 비포장 오솔길이 1km 정도 되었을 것 같다. 시골 내 고향보다 더 오지였다. 1970년대 초 잠깐 일했던 강원도 정선 산골 마을 같았다. 절벽만큼 가파른 바윗길을 타고 바다로 내려가니 오막살이 몇 집이 있었는데 궁핍하다는 생각보다는 시가지의 소음도 매연도 없고 각박한 눈길도 없어 다툼도 없고 궁핍해도 궁핍을 모르는 別有天地非人間이 생각났다. 여기가 곧 李白이 山中答俗人(山中問答)에서 말한 桃源境이라는 생각을 했다.

- 경북 경주시 출생 • 자유문예 시 등단, 청옥문학 수필 등단
- 청옥문학인협회 수석부회장. 계간 청옥문학 편집장. 청옥문예대학 부학장. 국제펜 한국본부 정회원, 한국문협 회원
- 한국아파트신문 '시가 있는 풍경' 고정 기고 • 개인 시집『盜政法』외 9권
- 주택관리사, 공인중계사. 부산명예관광통역 가이드(영어)

보덕포 도원경

절벽 어디에서 우물을 찾았을까
보덕로 고갯길 아래 무지개마을
군데군데 손바닥만 한 땅
손잡고 앉은 작은 집들
집 하나에 손가락 하나씩 접으니 손가락이 남네
댓돌 내려서면 하얀 물거품
흔들리는 고물*에 피어나는 물보라

먹고사는 수단은 쪽배 한 척
펄떡이는 고기 한 짐 지고
절벽을 기어올라
산등성이 길 한나절
쌀 한 말 메고 방에 들어서서
털썩 주저앉으면 속세를 떠난 고요
끼니 걱정하던 아내 배시시 웃고
엄마와 싸우던 딸이 안겨 온다

온 세상은 아빠 엄마 딸
싸우고 깨지는 몸부림 대신
갈매기 소리와 부서지는 파도 소리

걱정이 없어서 걱정인 곳
세상에서는 여기뿐.

* 고물 : 배의 뒷부분. 꽁지부리. 선미

몰운대

노을 따라온 어둠이
밤새 만든 아침 해
햇살을 펼쳐 들고 엄마 찾아
종일 걸어서 서산을 넘는다
하늘길 하루도 쓸모없구나

유리알 윤슬을 튕기며 타는 바다
불꽃 속으로 날아드는 갈매기가 보았네
먼눈으로 어렴풋이 짐작하는 엄마와 아들
엄마, 앉지 못하면 서서라도 기다려 줘
아들아, 네가 좀 더 빨리 걸을 수는 없니

어둠 찾는 한숨 노을로 타고
아침 해 기다리지 못하는 어둠 노을보다 뜨겁다
오늘은 만나려나 엄마 손길
먼바다까지 나갔던 고깃배도
온종일 헤매다가
돌아오는 몰운대.

장림포

고기 잡던 안장림
새로 생긴 바깥장림
그 터에 촘촘한 공장 굴뚝

절벽에 있던 동굴은 채석장이 다 갉아먹고
보덕포 패총은 슬그머니 사라지고
응봉 독수리만 매연 피해 날고 있네

염세 걷던 균역청이 사라진 것도 옛일
사라진 소금밭도 옛 시절이 그리운가
낙동강이 넘치면
소리쳐 우는 태풍 반겨 바다가 되는구나

다 지나갈 것이라고
지나간 것은 그리워진다고
옛사람이 말했지
우리는 아직 자라는 중이야
자라면서 옷을 바꿔 입는 것이야
기다려 보렴
수평선 넘어간 배가
새 세상을 싣고 올 거야.

팔봉반조*

낮에는 몰랐지
네 참얼굴
낮에는 생각했지
마음대로 흩어진 바위라고

밤이 와서야 보였지
달빛 희미한데
물빛 받은 네 얼굴
귀하지 않은 것은 세상에 없다
세상 것은 신이 만든 것이다

너는 그대로 있는데
내 마음만 바뀌는가
제대로 보지 못한 것이 또 있는가

너를 보고 생각했지
힘 있을 때는 보이지 않다가
두 손 두 발 흐느적이며
나를 지탱해주는 기둥을 본 것
귀한 것은 내 옆에 있고
헛인사조차도 바라지 않더라는 것

손발이 제대로 움직일 때
빚은 꼭 갚아야 하겠다는 것.

* 다대팔경 중의 하나. 바다를 비춘 달빛이 반사되어 팔봉도를 되비치는 풍경.

다대 첨사

첨사의 순절 뒤
일본 군선이 조선인의 코만 실어 갔겠습니까
일본 상선이 그들의 헛자랑만 부려놓았겠습니까
조선의 정신을 실어다 대한해협에 버리고
그들의 간사함을 부려놓았습니다

첨사의 순국은
쓸모없는 조선군 무기 탓도
치졸한 전술 탓도 아닙니다
벌 떼처럼 몰려와 메뚜기 떼처럼 물어뜯는
일본군 탓도 아닙니다
당파 싸움에 탐관오리
백치보다 어리석은 왕들 탓입니다

첨사시여
위기는 왜란만인 것이 아니었습니다
유럽도 중국도 우리를 노려보고
전쟁보다 처참한 이념투쟁은
무차별 살육 뒤에 탐욕으로 바뀌었습니다
순수한 이념도 사람이 생각한 것이고
사람의 가슴에는 오욕도 들어있습니다

수평선 너머 일본만 경계하지 마시고
선동에 놀아나는 군중심리가
중우정치에 빠지지 않도록 살펴주소서

| 이 수 일 |

• 시작노트 •

시는 언어화 과정의 굴절을 거치는 언어 예술로서 철학이나 문학적 논리 또는 순수한 창작의 측면으로 보는 두 가지 면을 생가해야 한다고 본다.

이러한 면을 생각하면서 사람 곁애 다가와 둥지를 트는 시인이 되려고 무한히 노력해 간다.

• 아호/ 淸厦 • 청옥문학 시 부분 등단.
• 청옥문학 작품상 수상
• 청옥문학협회 부회장, 크리스천문학 회원, 부산 시단 회원, 부산 시인 협회 회원, 부산 문인협회 회원

노을

장에 가신
아버지 마중하는 길
후끈한 등에 업히어
'엄마'-하고 부르면
금세 응석이 나오고

한 줌이듯 가볍게 업고
'어머니'- 하고 부르면
그만 가슴이 메고

함께 바르게 오지 못한 길이나
잘 섬기지 못한 일들
뼛속 깊이 가시로 남아
포도송이처럼 주렁주렁 달린다

노을빛 어머니
손목에 짤깍짤깍 세월이 간다.

그리움

그냥 보고 싶어
그 길을 걸으면
숨어있던 봄이
꽃대에 앉아
꽃 피는 일로 하루가 저문다

그대 강같이 흐르고
아무리 퍼 올려도 마르지 않는다

고운 꽃잎! 꽃잎!
오래도록 그렇게
영롱한 이슬처럼 늘 숨어 있다.

빚

하늘이 세상을 덮듯
바다가 고기를 키우듯
아버지 어머니는 나를 키우셨다

세상이 하늘을 아버지라 부르면
고기들은 바다를 어머니라 부르고
나는
아버지 어머니를 부모라 부른다

빛과 공기를
값없이 주는 이는 하나님이라 부르고
이 모두를 아울러 창조라 한다.

둥근 달

둥근 보름달 자정을 지나
들판 한쪽이 기 우 뚱합니다

소원도 둥글고
간절함도 둥그스름합니다

어머니는
그믐이 와도 늘 둥그런 보름입니다.

삶 2

삶은
푸르다

하늘
바다
새싹이
늘 그렇다

동생이 지난밤
이불에 지도를 그렸다

어머니 앞에
꿇어앉아 입술이 파랗다.

| 이 채 원 |

• 시작노트 •

연일 계속되는 폭염 속에 다대포 해수욕장으로 발길은 향했다.

금빛 황새 한 쌍은 노을이 지는 바다 위에 사랑의 날갯짓은 시어가 되고 유리컵에서 흰 구름이 차오르듯 모래톱에 새겨진 낱말을 하나씩 주워 끌어다 덮는다. 공백은 다시 공백을 뒤집어쓴다. 모래 회오리가 치솟다 잦아지면 메뚜기 떼처럼 번져가는 메아리가 남아있다.

- 고향/ 경남 사천시 • 시인.수필가.차 문화치료사
- 국제펜 한국본부회원, 한국문인협회, 부산문인협회, 부산가톨릭문인협회, 부산펜문인협회 회원, 청옥문학협회 이사
- 저서 『금정산의 다향』, 공저 『내마음의 숲』 외 다수
- 수상-제14회 매월당 김시습 문학상(금상. 2011년), 제7회 무원문학상 본상 수상, 제8회 대한민국통일 문화대상(2012)

바다를 갈라 논 해님

서산 넘어가는 해님 넓은 바다를 갈라놓고 빛 따라 물결 따라 걸어와

호수처럼 잔잔하게 흐르는 물결은 내 마음 평화스럽게 하고 바다 건너 넘어가는 해님을 아쉬워한다

어둠 속 찬란히 빛난 해님은 노을을 만들어 내 눈을 홀리고 하늘 문 열어 다리를 놓고 마음껏 구경하라네

해바라기

하늘에는 해님이 땅 위에는 해바라기 어쩜 요렇게 닮았을까
폭염이 쏟아지는 길옆 여러 닮은 해바라기들과 뭐가 좋아 사이좋게 정담 나눌까

오고 가는 길손 없는데
더위에 지칠 법도 한데
환하게 웃는 해바라기는 너무 행복해하네

금빛 황새 한 쌍

해는 서산 넘어
금빛 황새 한 쌍이 고요히 날아와
유황이 철철 흐르는 하늘의 신비 전달하니

세상의 번뇌 씻어내니 하늘의 문이 열리고 아름다운 금빛 노을이 고요히 춤을 펼치어
시간 시간 흐르는 구름은 오색 찬란한 금빛 황새 한 쌍을 보내 평화스럽고 아름다운 다대 해수욕장 낙조분수대를 바라보며

오색 무지갯빛 낙조 분수는 음악에 맞춰 춤을 추고 아름다운 밤의 선율 소리에 다대포 해수욕장은 한여름 더위를 식혀준다

엄마와 아들

비 오는 은빛 바다
모래 위 엄마와 아들은
동해의 푸른 물결처럼 푸르다

어린 아들은 물속에 조개껍질을 줍고 엄마는 흐뭇한 미소로 아들의 행동을 보며
빗속의 젖은 모래는 엄마와 아들의 평화스러운 그림을 제공해 주면 텅 빈 백사장을 꽉 채우고

바다는 엄마와 아들을 영화의 주인공처럼 스크린 하는 듯 물결치고 엄마와 아들은
행복 속에 빠져든다

소리 없는 나무

연일 폭염으로 밖이 매우 뜨겁다
지금도 멀리서 뜨거운 폭염 속에 열심히 사는 임의 모습이 떠오릅니다

멀리서 듣고 보지 못해도 소리 없는 나무처럼 임의 건강과 행운을 내 마음 가득 담아 간절히 빌어봅니다

세상에 나무가 없다면 저 뜨거운 태양을 막을 수도 맑은 공기를 마실 수도 없지 않을까 생각해 보며
지금도 뜨거운 태양에 맞서 소리 없이 가지를 뻗어 부드러운 떡잎을 만들어 그늘을 만들어 줍니다

소리 없는 나무는 폭염에 시달려 부드러운 떡잎이 짙고 거친 푸른 잎으로 변해버려도
어느 누구를 탓하지도 않는,
소리 없는 나무가 얼마나 아름답고 고마운지 새삼 느끼고 배우면서 오늘도 열심히 살아가는 임의 얼굴에 함박 웃음꽃이 핍니다.

| 이 춘 희 |

• **시작노트** •

오늘도 그대 위해 나는 시를 쓴다. 시와 나 시를 읽는 일은 내 가슴에 등불 하나 다는 일이다. 때로는 한 잔을 채우고도 넘쳐흐르는 남은 것들을 또 따로 받쳐 담아내는 것이 내 詩의 틀이라 하겠다.

따라서 언제까지라도 물 흐르듯 무리 없이 시를 내 찻잔에 담아내고 싶다. 자연과 인간과의 소통, 이런 것들로 내 찻잔을 가득 채우고 싶다.

• 아호/ 은미 • 청옥문학 시 등단
• 청옥문학협회 회원, 청옥시낭송회 회원, 책나무 출판사, 나비 날다, 동행 두 번째 이야기 민주 문인 협회, 민주 문학 동인집 외 다수 봄, 여름호, 민주 문인 협회, 창립 3주년 기념 동행, 시의 전당 푸른 원두막 동인

내 가슴에 너 하나만 기억할래

임의 얼굴을 마주하면
오늘의 걱정이 있는지 없는지를 알고
임의 눈 속에 있는 나를 보면
천진스러운 아이처럼 임과 함께
살고 싶어라

임의 깊은 속을 마주하면
내 속의 사랑이 싹을 트고
임의 눈 속에 있는 나를 보면
나 아닌 나를 또 만난다

임의 웃음을 마주하면
세상 시름이 절로 녹아지고
힘든 하루 웃으면서 보낼 수 있어
행복하여라,

그리운 바다

하늘 끝 밀려드는 먼 바다
하늘가에 낮달은 한가롭고
투명한 물빛소리
잠잠히 들려오는 그곳
우리의 추억들이 출렁이고 있다

거침없이 물굽이를
넘나드는 잿빛 갈매기들의 운무
바다 그곳에는
거친 파도 청량한 물소리의 속삭임들

지난 우리들의 추억과
음성이 되어 귓전에 머물고
물빛 그림자 파르라니 흔들리고

그리움의 푸른
바다 그곳에 아릿하게 멀어져 간 날들이
쉼 없이 보고만 가는 여정
아쉬움만 밀려들고 있다,

보랏빛 향기

창문으로 비 들이치는데
타는 장작을 바라보면
나는 휘파람을 불고

유리창 안에 아직 채
일어나지 않은
희뿌연 아침을 기다리고

나는 말하지 않을래요
아무 생각도 않을래요
그저 내 영혼 속으로 끝없는 사랑이
솟아오를 거예요

그대는 어느 곳에 있는가
내 귓가에 스치는 바람의 정겨운 모습
언제나 그러하듯 오늘도
그대 향기가 그윽하다,

별자리

1

밤하늘엔 무수히 많은
별이 있습니다
하지만 보통 때는 보이지 않는
별자리가 있답니다

그건 사랑의 별자리죠
누군가가 보고 싶을 때
누군가를 그리워할 때

사랑하는 당신이 너무나도
생각날 때
밤하늘에 떠오르는
별자리가 바로
내 사랑의 별자리랍니다

2

커피의 색은 어두운
핏빛입니다
한 여인의 눈물의
빛깔이라 하네요

너무나도 울어서 피눈물이 땅에
떨어졌기 때문이라
그리고 커피가 쓴 이유는
기다리는 마음 때문이고

커피를 마시면 잠이 오지 않는 이유는
밤낮으로 그 사람을 기다렸던
그 여인의 마음이라

마지막으로 커피향이
그윽한 이유
그 여자의 사랑하는 마음이 향기가 되어
흩날리기 때문이래.

아름다운 손

1
오늘도 서로에게 힘들고
서로가 지쳐 있을 때
당신 손과 내 손이 서로
꼭 잡아주고

서로가 서로에게
토닥토닥 끓여주면 오늘 하루 힘들었던 일
모두 다 잊게 합니다

2
서로가 슬프고 외로울 때
당신은 나에게
난 당신에게
흘리는 눈물을
닦아주는 손과 손이
크나큰 위로가 됩니다

서로가 사랑하고 싶을 때
서로에게 양 어깨를
잡아주는 손과 손이

서로에게 크나큰
포근함을 말했습니다

3
쓸쓸히 걷는 인생길에
당신은 나에게 조용히 다가와
잡아주는 손과 손이
서로에게 힘이 됩니다

사랑하는 당신의 손이
내 손에 닿기만 해도
난 마술에 걸린 듯
당신 손을더 잡고 싶은 고운당신의 손
당신의 손이 있기에
오늘도 아니 영원히 놓고
싶지 않은 아름다운 당신 손입니다.

| 임 흥 윤 |

• 시작노트 •

푸른 원두막 동인지 출품 소식 접하고 설렘보다는 넘어지지 않으려 촉각 세우고 어둔한 감성 앞세워 무지의 징검다리 건너 앞이 캄캄한 절벽 더듬어 가는 심정으로 써 내려간 졸시 서서히 녹아 흘러내린 無知.

더디게 열린 詩想으로 거두어들인 쭉정이라서 읽고 읽으며 수정 보안하면 할수록 헝클리는 매듭이 됩니다 긴 한숨이 진실의 母音 되어 詩를 대신해봅니다.

• 고향/ 충남 서천 • 심정문학 등단
• 심정문학 부회장, 심정문학 밴드 리더, 청옥문학협회 이사, 천성문학 이사
• 현) 신일 피엔에스 경영 지원팀 근무
• 2013 세계 평화미술대전 대상수상, 2017 년 한국 청옥문학상(작가상) 수상
• 저서; 시집 『심정의 꽃』 / 한국 대표 문학시선 동인지 외 다수

산불

바람이 추문을 안고 찾아와
창문을 두드린다

세상 근심 걱정 시름 보듬어 안고
찾아온 바람의 울음
창문이 대신 울고

불이 불을 삼키는 산불이
바람 등에 업고
3일째 애꿎은 나무만 검게 태운다는 소식

바다에선
일렁이는 성난 파도를 만들고

글재주 하나로
신성한 손길인 양 성추행 일삼는 추문
바람이 창문 통해 운다

타락으로
흐트러진 오물은 수장되고
고운 싹으로 키워낸 순수 사랑일 때
바람은
창문 두드리지 않는 고요이고 싶다

정

눈 감으면 선명하게 보이는
그리움아
날 보러 어쩌란 말이냐

보고 싶다
아려오는 가슴에 쌓인 정
날 보러 어쩌란 말이냐

간밤
당신과의 포옹 잊을 수 없는데
날 보러 어쩌란 말이냐

묘비명

둥근 일원 안에
달랑
점 하나 찍혀있을 뿐
빈 여백은
잘못 살아온 삶 지우고 싶은 허물인 양

용서받고 싶은 눈물 위에 새똥 얼룩
승냥이 울음소리
고향
서천 하늘이 그립다 한다

백치 아다다

하고 싶은 말
무슨 그리 하소연이 많아서
혀가 말려 벙어리 되었을까

그대 곁에 다가서면
포근함에
응석 부리고 싶은 어린아이이고 싶었어

소외된 이웃의 설움이 보일 때면
말없이 다가가 풀어진 신발 끈 매어주며
안아 주기도 했지

홀로 있을 때면
하늘 향해
무조건 용서해달라 울부짖음에
얼룩진 소맷귀 마를 날 없었지

하늘 향한 효심 꽃피우던 날
백 치 아다다
가시 박힌 버선발
신이 나서 마구 뛰어다녔지

공존의 그늘

무엇을 담았기에
저울추 요동 없을까
한쪽이 꽉 차 기울면
다른 한쪽은 비워지는 부족함
공존의 그늘 아래서
나는 외롭다 외치는 설음이
메아리 되어 되돌아와 더욱 서러워지는 삶

손잡아 주는 이 없어
홀로 우두커니 서있는 어린아이
눈에는 눈물이 글썽

외로움이 영글어
꽃 그늘진 방울방울 눈물방울
아가야
어른 되면 홀로여도
당당히 우뚝 서는 날 있으리니
서러워하지 말거라

| 정 연 희 |

• 시작노트 •

늘 마음속에 품고 있었던 씨앗이 하나 있었습니다. 살면서 발아되지 못하고 꿈만 꾸다가 이제 뒤늦게 싹을 피웁니다. 시를 쓴다는 것은 흡사 아낙네가 불을 지펴 정성 들여 밥을 지어 밥상에 올리면 식구들의 입가에 웃음꽃이 활짝 피듯이 정갈하고 맛깔진 시를 쓰는 행복한 시인으로 살아가고 싶습니다.

• 아호/ 은향慇香 • 고향/ 경기도 평택시 • 청옥 문학 詩 등단

• 청옥문학 신인상 수상

• 청옥문학협회 정회원, 시의 전당 푸른 원두막 회원, 석교시조문학 회원

바람의 언덕

새들이 물고 온 바람을
들꽃이 만발한 언덕에 내려놓자
푸릇한 바람이 너풀너풀 춤을 추었다

나지막하게 자리 잡은 하얀 집의
카페지기 중년부부는
오늘도 커피콩을 갈며
사랑을 갈아간다
행복을 갈아간다
여행차 들렀던 이곳에
콩깍지 안경 쓰고 인생의 문패를
바람에게 달았다

바람과 사랑을 나누는 부부에게
바람은 바램이 되고
등받이 언덕이 되어
바람이 물고 오는 편지를 읽는다

커피향 그득한 언덕 집에서

돋보기

미세한 주름 위에 간질거림은
콧잔등 위에 무 등 탄 너의 파동인가?
하루에도 서너 번 올라타
사랑의 운율을 읊어대는구려!

세상사의 회오리 날개를
드럼세탁기 돌리듯이 돌려
너덜해진 신문지에 콕 박히면

네 눈은 광활한 별꽃으로 피어나
미리내 다리에 앉아 추억 속에
사설난과 가십에 찌를 드리운다

별별 소문 다 읽은 후 제자리로
올 때쯤 시린 눈망울이
충혈 속에 울음을 키운다
겨울의 낮빛으로 재를 담는다
한낱
미망으로 가버린 잡을 수 없는
활자를

사랑초의 마음으로

사랑하니 둘이 되고
둘이 되니 합환의 정수리에
족두리가 피어났다

긴 생의 연날리기는 할딱거려
노을녘 고갯마루에서 한소끔
졸며 삶의 실을 풀어내린다

그리움이 고갈될수록
사랑의 단지를 시나브로
어드매서 찾는다지?
해로한 세월의 더깨가 깊어지니
당신과 걷는 평온의 들길엔
폭 삭은 나이의 거미줄이
자화상 되어 얽히고설켜 간다

사랑의 의식으로 촛불 되어
세월의 소지를 태우나니
한 생애 이음줄 쉼표 찍기까지
곁에서 보듬어주고
등대처럼 살리라

빈방에 누워

떠난 자들의 도시는 낮잠으로 물들고
숨죽인 빈방에 홀로 누워
어깨에 얹힌 의무의 견장 떼내고
자궁 속 태아로 오롯이 사유의
유영을 떠나보자

앙드레 지드의 좁은 문도 비집고
수레바퀴 아래서 삶을 유추한다
그래!
시라는 거!
고기 썰듯 잘근 씹어보고
뭉툭 깍둑깍둑 베어 보면 침샘에
고여지는 시구들이 넘실넘실
여운의 춤을 춘다는데
난 몽매하여 눈을 감고
쌈지 속 골무만 끼워댄다

습작에 방울진 울음은 뒤척인
뇌리의 몸부림이고
써지지 않는 허기짐이다
깨물은 입술에 번진 슬픔 한 조각

나와의 진실한 영적 대면!

까치발로 숨겨놓은 벽장 속 추억 단지
한 움큼 꺼내 한 숟갈씩 떠먹는
여름날의 빈방은
순수의 민낯이다.
하여
초고와 퇴고의 먹칠한
세숫대야
그득.

뉘 꽃이 누구뇨

엄동설한 몸 한 칸 누일 데 없어
등짐 보따리 봇두껍 속에 숨어
시집왔다지요

동지섣달 호롱불 지펴가며
물레질 돌리는 울 어머니 등판에
소복이 흰 눈이 쌓이면
아랫목 막내둥이 배냇저고리에
웃음꽃이 피어나고

태평양 건너 톰 아저씨 오두막에
성근 별이 떠오르면 자박자박
집으로 향하는 길에 뿌려준
사랑의 홀씨가 시공을 넘나들어
울 어머니 초가삼간 뜰 안에도
숨어서 피어난다네
뉘 꽃이 누구뇨?

| 정 태 운 |

• 시작노트 •

시를 사랑하다 보면 어느새 꽃을 사랑하고 자연을 사랑하게 되고 어느 사이 사람을 사랑하게 됩니다.

그러다 보면 주위의 모두를 사랑하여 맑고 향기롭게 되고 뒤틀리고 꼬인 마음들이 아름다움을 노래하게 합니다.

시는 모두를 향기롭게 하기에 저도 고운 시를 쓰고자 합니다.

내가 받은 많은 사랑을 돌려주기 위해서.

• 고향/ 경남 밀양 • 청옥문학 詩 부분 등단
• 청옥문학 후원회 회장, 시의 전당 푸른 원두막 문인회 부회장
• 현 (주)대한 환경 이엔지 대표이사, 재부 세종고 총동문회 회장 사상경찰 발전회 위원, 프랑스 론와인 기사, BWS 와인스쿨 총동문회 부회장 부 울경 자가 측정 협의회 회장, 전 남천 장학회 4대 회장, 부산시 환경 육성 협의회 회원, 보건 환경 연구원 기술 지원 자문 위원

그대라는 곳에 머물 수 있다면

비바람 몰아치는 길
태양이 불타는 길
마다하지 않겠습니다.

그리움에 대한 갈망
사랑의 열정 놓지 않고
그대 있는 그곳 험난한 여정이라 해도
마다하지 않겠습니다

보고픔 가득 품고
비로 젖어 오는 그 길 위에
그리움 가득 안고
눈물 뚝 뚝 떨어지는 그 길 위에
그대라는 사랑 넘치는 품으로 달려가
부르튼 발과 눈물 범벅이 되고
헝클어진 머리에 볼품없는 모습 되어도
마다하지 않겠습니다
그대라는 곳에 머물 수 있다면

그대에게 주는 獻詩

고혹의 향기가 피어난다
단아한 모습에
부드러운 음성
꿈길로도 찾아오는 매력의 여인

장미처럼 화려하면서도
사치스럽지 않은 자태여
도도함으로
말 건네기도 두려운 위엄이여

잔잔한 미소 머금고
다정한 말로 포근하게 다가오니
한 송이 꽃인가
춤추는 나비인가
눈 마주치면
설렘까지 주는 여인이여

개망초

묵정밭에 어김없이 찾아와
여정을 풀었네

곤충들 새들 안쓰러워
작은 미소로
동무들 불러 보금자리 나누고
하얀 설상화에 황색 짝 꽃을 피운 네 모습
영락없는 계란꽃이구나

귀화해
나라를 망친 적도 없는데
비슷한 모습했다고
개망초라니
이름답지 않은 이름을 받고서도
불평 한마디 없구나

그러고도
미소들 모아 들녘 가득
웃음으로 채우는
화해의 몸짓이 어울림으로 자리하는
모습으로

행복 듬뿍 안는다
네 모습으로
사랑 가득 느낀다

친구야, 막걸리 한잔하세

친구야!
지짐이 놓고
막걸리 한잔 들이켜고 싶다는 말
비 내리는 장마철마다
친구의 말이 녹음기처럼
다시 들려진다

친구야!
빗속에 초점이 잠겨들면
교복 입은 모습에
어깨동무하던 철없던 시절이
주마등처럼 지나가고
빗길 속으로 하염없이
나를 걷게 한다

우리의 어제가
자꾸만 희미하게 지워져 가는 것은
세월의 망각이
늙음을 앞지르기 때문일까

친구야!
뭐하고 있니
일에서 멀어져 있는 친구가
아직도 일에 얽매여 있는 내게
도깨비처럼 나타나 주렴
이렇게 비 내리는 날
모든 시름 내려놓고
지짐이에 막걸리 한잔하세

어머니, 제 젊음을 떼어 드리고 싶습니다

어머니를 생각하면
먼저 가슴이 아리고
생각이 무겁고
눈가에 이슬이 맺힌다

어릴 적 어머니는 과묵하셨지만
인자하시고 남의 도움이 필요 없으신 분인데
지금은 쇠약하셔서 걸음조차
남의 손을 빌어야 한다

일찍 남편을 잃고 청상과부로
6남매를 노점상으로 키우신
여장부 같았던 어머니

당당하시던 말씨와
아리따우신 얼굴에 앉은 늙음이
가슴으로 파고들고
내 젊음을 당신께 드리고 싶은 맘에
세월의 골 따라 눈물이 흐른다

세상 앞에 떳떳하셨고
고난 앞에서도 당당하셨고
세월 앞에서도 담담하셨던 어머니

무엇이 당신을 이렇게 작게 하였나요
고난이었던가요
세월이었던가요
주름진 얼굴
처지신 어깨
그리고 내 눈엔 눈물이
어머니!
어머니~!

| 최 경 식 |

• 시작노트 •

삶의 시작은 만남으로 이루어지기 때문 새로움을 찾아 처음 만나면서 살아가는 현실에 적응 하며 그곳에서 시제를 얻는 시간은 함께 있는 것이다.

사물과 친구 되어 생명을 불어 넣는 것은 좋은 시를 건질 수 있을 것 같아 노력을 해 본다. 내 삶에 두고두고 읽을 수 있는 시를 남겨 놓으면 보람이 될 것 같아 좋은 시를 한 편 남기는 마음은 사는 것이 행복이라고 느껴져 내 삶이 초연해질 것 같다.

• 아호: 청록 • 월간 한울문학(詩) 등단, 계간 청옥문학(시조) 등단
• 한국문인협회,국제펜한국본부,부산문인협회, 부산불교문인협회, 기장문인협회 회원, 새부산시인협회 감사, 금정문인협회 이사, 청옥시낭송회, 청옥문학협회 회장. 계간 청옥문학 발행인
• 시집:『 나그네정거장』 외 5권 • 이메일: sik620@hanmail.net

만남의 향기

편백 향기 쌓인
저 먼 곳
한 마음 따라 모여
마음의 길 따라온
만남의 인연은 아름답다

기쁨을 나누는
삶의 여백으로
만나지는 에너지는
사랑의 성숙이다

취미가 같은 동행은
삶의 즐거움 되어서
행복이 만들어진다

삶의 편백 향기는
오늘 만남의 향기로
추억 속에 담아 놓는
흔적이다

내 마음엔
하나 둘
저장한다.

외 바위 외솔

저 바다
물빛 바라보면서
수많은 세월 속에
작은 바위섬에
외롭게 생명을 이어 온
인연이다

대본리를 지키며
많은 사랑을 받아 오며
기쁨을 주고
희망을 주는
이 마을의 수호신처럼
저 바다 바라보며
빌고 있다.

그대와 파도

말없이
밀려오는 포말 속에
사랑은 숨어 있다

파도는 끝임 없이
밀려오는 사랑이며
은은하게 출렁이는
바닷물에 그대의 음성을 엮어
세월에 포근한 마음이 만들어 지며

그대와 함께 동행하는 갓길에는
바람 한 줌의
사랑이 있다.

황산

첩첩계곡 돌계단의 풍경
엄청 많은 돌계단을 가쁜 숨 몰아쉬고
가도 가도 끝이 멀어보인다
수많은 인파에 밀려가는
진풍경에 감동을 하며
구름이 쉬는
명산의 풍경에 앉아보며
여기 저기 촬영을 하며
담아보는 지금
힘든 것이 있었는지 잊고
돌계단을 보면서
깎아 만든 솜씨를 보고
감탄은 하지만
갈 길은 남았다

빗소리

소리 없이 내리며
빗물에 젖고 있는
벚나무 바라보며
사색에 젖는다

빗길 사이로 피해오는
그대의 향기는
내 가슴에 숨어든다

무선으로
전하는 마음이 걸어가
무엇을 할까 생각하니

지금은 보고 싶어진다.

| 최 동 운 |

• 시작노트 •

시를 사랑하기에 앞서 스포츠를 좋아했으나 이제 시조의 단맛에 젖는 건 중년에 이르러 옛날의 순수함을 조금씩 찾고 싶어서일까, 세상의 속박에서 조금이라도 벗어나고픈 나이 탓인지 삶의 고통을 잊으려는 몸부림일지 모른다.

새로운 마음으로 인생의 여백을 채워 나가면서 함께 공감하며 나눌 수 있는 여유로움으로 행복해지면 좋겠다.

• 아호/ 云筆운필 • 출생/ 경북 경주 • 청옥 문학 詩 등단, 청옥 문학 시조 등단
• 청옥문학협회 동인지 분과 회장, 석교시조 문학 회원, 시의 전당 푸른 원두막 회장, 청옥문학후원회 부회장
• 저서: 『사랑한다 너여서』(공저 시집), 시의 전당 푸른 원두막 (공저 시집) 외
• E - mail : cbbss12@hanmail.net

한더위

하늘 땅 하나같이
달궈진 솥단지요

발걸음 느려짐에
맺히는 땀방울들

가슴속
아픈 얼음은
언제 다 녹을는지.

살다 보면

말 못 한 사연들은
눈물로 바다 되고

상처로 남은 흔적
겹겹이 쌓였구나

이제는
하나둘 모아
세월 속에 묻으리.

사모思慕

밤하늘 별빛 무리
은가루 뿌려놓고

말 없는 초목들은
달님 품에 쉬는데

그대는
어느 곳에서
잠 못 들게 하는가.

한 번만이라도

풍진세상 잊었소
한 번만 돌아보오

답 없는 메아리는
귓전만 뒤흔들고

활짝 연
싸리나무 문
바람만 들어오네.

갈대

긴 허리 하늘거림
부드러운 춤사위

비 바람 몰아쳐도
부러짐 하나 없네

상처 난
내 자존심은
언제쯤 휘어지나.

| 홍 찬 선 |

• 시작노트 •

우물*

왼쪽으로 난 작은 쪽문 나가면 우물 있습니다. 아무리 가물어도 마르지 않고 홍수 나도 넘치지 않는 맛 좋은 우물입니다. 날마다 그 우물 길어 낯 씻고 쇠죽 쑤던 어린아이 나이 들어 등지고 떠났습니다. 그 아이 떠난 뒤 쪽문도 그 집도 없어졌습니다. 그 아이 아부지 일찍 하늘로 소풍 떠나고 그 아이 엄마 그 아이와 함께 천안으로, 서울로 떠난 뒤였습니다. 그래도 그 우물은 그 아이 이웃과 더불어 그 아이 기다렸습니다. 반드시 다시 만날 날 오리라는 걸 아는 지혜가 있었던 덕분입니다.

해가 뜨고 달이 지고 별 없는 하늘이 아주 여러 번 지나갔습니다. 얼마나 많은 날이 흘렀는지 셈해보는 사람도 없었고 우물도 점차 잊으려 했는지 모릅니다. 그리고 어느 누리에도 홀려 넘어가지 않을 세월이 흐르고 머리엔 흰 서리 내린 初老 아저씨 살그머니 다가와 덮개 열고 바라봅니다. 우물은 올 것 알았다는 듯 말간 물 너머로 하얀 구름 파란 하늘 멋쩍은 얼굴 보여줍니다. 사람은 가고 우물은 남고 사람이 오고 우물은 여전히 그대로 있습니다.

* 고향(충남 아산시 음봉면 산동리 3구 뫼골)의, 지금은 헐려 없어진 나 태어난 집 옆에 있던 마을 공동 우물

• 아호/ 礎仁 • 태어난 곳/ 충남 아산시 음봉면 • 시세계 시 부문 등단, 한국시조문학 시조 등단, 제4회 수안보온천 시조문학상 본상 수상 • 시집 『틈』 시조집 『결』

'실업급여'는 없다

일자리 잃은 실업자
두 번 눈물 돋는다
어쩔 수 없이 떠날 때
'실업급여' 없다는 사실
깨달았을 때

회사 다닐 때
법에 의해 강제로 비싼 고용보험료
울며 겨자 먹기로 꼬박꼬박 낸 건
떠나야 할 때 최소한 생활자금 받는다는
신뢰 있었기 때문

믿는 도끼에 발등 찍혔나
'실업급여'는 없었다
오로지 '구직급여'만 있을 뿐…

실업했다고 그냥 있으면 안 돼!
일자리 찾아다니는 구직활동 증명해야 돼!

고용보험료 힘들게 낸 실업자
삼복더위에 끙끙대며 헤매는 새

그 고용보험료로 월급 받는 고용센터 임직원
에어컨 빵빵 나오는 멋진 사무실서 땅땅거린다

재주는 곰이 넘고
돈은 딴 사람이 챙기는 게 옳은 걸까
가마솥 불볕더위
실업자 울화통 더 데운다

영천대첩

그 임들 없었더라면
낯선 이곳 긴 내 벌
뜨거운 피 기꺼이 뿌린
그 임들 그 옹골찬 넋 없었더라면

그 저주받은 것처럼 처절했던
1950년 9월 2일부터 13일까지
아파하고 슬퍼할 틈도 없이
뺏기고 빼앗는 아수라장

뉴 코리아 플랜
New Korea Plan
들어보기나 했나
한반도 포기하고
62만 명으로 사모아 섬에
타이완처럼 피난 정부 세운다는 것

피로 지킨 그 임들의 얼
있었기에 뺏긴 영천 다시 찾고
영천 회복했기에 인천 상륙 이뤄냈고
인천 상륙 있었기에 자유 지켰다

그 임들이 피로 지키려 했던 그 자유

그 임들 없었더라면
춥다 뜨겁다 배 아프다
투덜투덜 거리며
살아갈 수 있을까

이렇게 많은
억울한 죽음
어이할 텐가

42860727*

그날
총성 잠시 멈췄지만
恨聲 그치지 않고
더욱 높아졌다

그놈의 망상으로
휘몰아쳤던 '폭풍'**
한반도 금수강산
갈기갈기 찢어놓았다

순하디순한 백성들
피와 죽음으로 갈라지고
죽어서도 쉬지 못하는 영혼들
자유 대한민국 지킨 얼과 넋

多富동 遊鶴산 839 고지에서
영천 오동 신녕 산자락에서
철원 白馬산 395 고지에서
이름 없는 수많은 전투 현장에서

삼복 폭염 투덜댈 틈도 없이
살 떨어져 나가는 동상 아랑곳하지 않고
앙증맞은 봄 들 뫼 야생화 이뻐할 겨를 못 느끼며
누런 황금들판 풍년가 부를 어깨춤 빼앗겼다

하루가 세 가을처럼
지긋지긋하게 새 가슴 되어 산 지
일천일백이십 구 일
두렵던 총성 쉬었다

기약 없이 멎은 총성
간간이 울리다 환갑 훌쩍 뛴 뒤
그 한성 가슴에 남아
고향 하늘 떠돌고 있다

* 6.25전쟁을 끝내기로 합의하고 휴전협정을 체결한 날, 1953년 7월 27일.
** 김일성이 북한군에게 남침을 명령할 때의 작전명이 '폭풍'이었다.

윤슬*

하늘 땅 밤새 사귀며 쌓아놓은
이야기보따리 풀어 놓느라
너는 이다지 너울대며 반짝이는가

나 예 있다고
눈짓 손짓 맘에 들지 않는 듯 터진 외침
그 살가움에 살며시 눈가 이슬 저민다

숲속에 나직이 숨은 비밀의 카페 문 걸어 닫고
숨은 그 반짝거림에 아부지 엄마
그 아픔과 웃음으로 엇갈린 삶
담겨 있겠지

그러했을 것이다
그 반짝거림 보지도 듣지도 알지도 느끼지도
못하는 성냥갑 닮은 달림 기계
말뚝처럼 박은 다리 위로
무심하게 달릴 때

자그마한 발품 판
어깨 구부정한 사내

쭈뼛쭈뼛 그 선물 받아들고
어질어질거린다

* 윤슬 : 햇빛을 받아 강물이나 바닷물이 반짝거리는 모습.

압록강 해돋이*

압록강에
아침 해 돋는다

잔잔히 흐르는 강물 너머
이름 모르는 北韓 산 위로
눈물 나게 펴지는 빛
해살로 뻗어 내린다

아부지 닮아 부지런한 꿩
강 너머 만포에서 울고
洞溝河에서 나린 물
압록강에 인사하고
참새들 짹짹짹
이방인 맞는다

391년
하얀 토끼 해
광개토호 태왕과
장수왕도
보고 들었을
압록강 너머 백두산 위

떠오르는 해
꿩 참새 노래

아침 시장으로 거듭난
국내성 함성 자극하듯
꿈 가득 실은 고구려 해
힘차게 솟는다

* 4350년 5월 4일, 고구려 국내성 터가 남아 있는 길림성 集安(집안)에서 압록강 너머 백두산 위로 솟는 아침 해를 보고 지었다.

민경문 | 6.25의 태풍후유증
아내를 위한 침묵의 사랑

| 민 경 문 |

삶에 누구나 가슴에서 치솟아 오르는 시의 덩어리들을 하나씩 안고 있다고 생각합니다. 저는 남북의 정상이 만나는 순간 그 자체가 하나의 시가 아닌가 하는 생각이 들었습니다. 그 정도의 감격이 있는 시를 우리가 평생 동안에 한 편이라도 쓸 수 있으니 감사하고 큰 기쁨입니다.

- 아호/ 민훈 • 출생/ 강원도 • 2007년 영동수필 등단, 수필시대 등단
- 낙동강문학 신인문학상 수상[2010.10.1.]
- 한국시민문학협회 회원. 청옥문학협회 자문. 청옥문학후원회 부회장.
- 한국청옥문학예술인협회 공로상 수상.
- 시집: 『나는 무엇을 배웠는가』(수필집 2009)

6.25의 태풍 후유증

꽃향기가 꽃을 보고 반항하듯 6.25의 태풍은 많은 사람들에게 피 눈물과 이산가족을 만들었다.

그중에도 더 가슴속 깊이 남아있는 상처는 이름 없이 한평생을 살아야 했던 3만여 명 중에 강원도 삼척시 미로면 하거노 1리 00씨 무명인(머슴 노인)이다.

무명인은 70평생을 진00의 집에서 머슴으로 살아가던 중 1987년 9월 중순경 채소를 지게에 짊어지고 철길 위를 건너다 미처 피하지 못하고 열차의 기관실 앞부분에 부딪혀 4-5미터 아래로 추락하였다. 청량리에서 강릉으로 가는 보통열차가 경적을 울렸으나 소리를 못 들은 건지, 무슨 생각을 하다가 피하지 못한 건지 알 수가 없다. 당시 오십천 강물 수심이 2미터쯤 되었으나, 추락하면서 조금 얕은 밖으로 밀려 나왔다. 마침 주위에 지나가던 마을사람이 빠른 시간에 발견하여 112에 신고하였다. 관할 파출소에서도 즉시 출동하여, 인공호흡을 하면서 삼척의료원으로 후송하였다. 병원에서 환자의 인적사항을 파악하는 과정에서 이름 없이 평생을 머슴살이로 살아왔다는 것을 알게 되었다.

절차에 의하여, 미로면 면장에게 문의하여 사실여부를 알아보니 1년 전에 동해시에서 삼척으로 전출 왔다고 했다. 현재 미로면 사무소 공부상 무명자가 몇 명 더 있고, 이런 무명자들이 사망하게 되면 1년에 모두 합쳐 1회로 합동추모제를 지내오고 있다는 것이다.

그리고 통계에 의하면 전국에는 현존하고 있는 무명자가 부모형제도 없이 3만여 명이 살아가고 있다는 것을 알게 되었다.

모두가 이름도 족보도 없이, 바라볼 수도 없는 현재 연민 속에서, 암흑의 세계와 같은 하루하루를 견뎌 내야 하는 길은 너무 힘들고 아득하기만 하다고 하지 않을 수 없다. 이 사람들의 운명을 누구에게 원망하여야 할까! 6.25를 탓할 수밖에 없을 것이다.

무명자 노인의 주인은 동해시 소재에서 다방을 운영하다가 지인의 보증을 잘못 서 전 재산을 빚보증으로 공중분해하고 삼척으로 이사하게 되었다. 조사하는 과정에서 소설과 같은 사실을 알게 되었다. 주인이 어느 날 이름 없는 무명자 노인으로부터 용돈을 조금 요구하여왔을 때, 그날은 주머니에 잉여 금액이 없어 다음에 드리겠노라고 하고는 잠깐 자리를 비운 사이에 가출하였다고 한다. 2일이나 기다려도 돌아오지 않아서 관할 파출소에 신고를 하려니 이름이 없어 못하였다. 3일째 되는 날 무릉계곡에 몇 번 동행했던 것이 떠올랐다. 가족끼리 산행도 할겸 두타산으로 갔다. 두타산에서 청옥산 방향으로 가다보면 너럭바위 주변에는 전국에서 무속인들이 돼지머리와 각종 과일을 가지고 와 치성을 올리고 그대로 방치하고 가는 사람들이 많이 있다. 이곳에는 가끔 음식도 비닐봉지째로 덮어놓고 가기 때문에 기회만 잘 포착하면 며칠 동안은 견뎌낼 수 있다.

무명자 노인은 이곳 비닐 움집에서 10시가 넘어가는 데도 아직 일어나지 않고 있기에 너무 반갑기도 하여 십여 분 동안 눈물이 나와 가족들이 보는 곳에서 눈물을 보이지 않으려고 동해바다 쪽으로 머리를 향해 지나온 일을 한 번 더 성찰하고 난 다음, 주인과 앞으로는 좀 더 가깝게 지내자며 양해를 구하고, 하루의 산행으로 시간을 함께 하면서 새로운 관조도 배우게 되었다고 하였다.

세계에서 유일하게 대한민국만이 분단의 국가로 남게 되어 쓰라린 편린으로, 언제까지 서로가 꽃의 향기보다 무궁화를 놓고 쟁취의 투쟁으로 끝이 없으니, 누구를 탓해야 해답이 나오려나?

오늘도 서로 간에 이해와 휴머니즘으로 해답을 바라보면서 상호간 조율이 이루어진다는 것을 기대 하면서.

현재 법률로는 무명자를 정식으로 호적부에 등재하려면 무명자와 처음 만나게 된 경위와 각종 절차, 경비가 복잡하게 되어있어 호적부에 등재하기가 너무 어려워 법률완화 제도가 요구되고 있다.

아내를 위한 침묵의 사랑

아내가 하루도 거르지 않고 아침부터 취침할 때 까지 같은 일을 반복하며 쫓기는 모습을 보니 마음이 애처롭다. 나는 퇴직에 즈음하여 버킷리스트로 가사일 중에, 한 부분을 찾아서 아내에게 여유시간을 주고 싶었다.

매일매일 끼니마다 주는 도움은 마음뿐이다. 도와주고 싶은 마음은 고무줄처럼 한없이 늘어만 가도 행동이 따르지 않는 것이다.

어떻게 하면 마음과 육신이 일치되게 흔적을 남길 수 있을까?

나는 지금 마음뿐이지 흔적이 없는 일을 염두에 두고 있다.

아내는 날마다 시간을 맞추어 끼니를 해결하는데 이것을 격일제로 분담하여 하는 것이 공평할 것 같아 제의해 보려고 하니 입이 떨어지지 않는다. 먹는 즐거움의 뒤에는 그것이 있게 하는데 꼭 필요한 단계가 있을 것 같다.

우리의 속을 들여다보면 누군가는 해야 하는데, 존재의 가치를 알면서 나침반과 저울에 달아서 타코메타로 측정하기란 쉽지 않을 것 같다. 단순하고 반복되는 일로써 끈기가 있어야 하고, 귀찮고 하기 싫은 일이면서 외부에 표시가 잘 나타나지 않는다.

아내는 매일같이 이른 시간부터 오후 10시가 될 때까지 눈코 뜰 새 없이 바쁘다. 매일 하는 세탁물도 세탁기에 하지 않고 공동 간이 빨래터에서 하고, 빨래터에 물도 플라스틱 용기로 가지고 와서 화초에 뿌려주고 있다.

나는 잉여시간이 많아 도서관에서 대부분의 시간을 보내거나 컴퓨터를 하면서 시간을 보낸다. 데리고 온 서자 눈치 보듯 아내 눈치만 살피고 있다.

나는 아내가 그동안 묵묵히 해온 일 중에 설거지를 도와준다. 그리고 빨래를 하여 빨랫줄에 걸어놓으면 벗겨서 차곡차곡 종류에 따라 정리하는 것을 도와주기도 한다. 빨래를 개다 하나 알게 된 것이 있다. 이것은 나로서는 충격적인 발견이었다. 다름이 아닌 아내 속옷(팬티)을 매일 2-3장을 발견 하였는데 이것은 분명히 건강과 관련 있는 증거품이 틀림없는 것 같다. 현재 담당의사와 상담하면서 치료중이다.

가사일 중에서 내가 하지 않던 내 몫의 일감을 찾은 것이다. 카이로스와 함께 하기를 인증하니 참여할 시간이 많아졌다. 세탁물을 종류별로 정리 전에는 꿈에도 내가 하리란 것을 생각지도 않았는데 막상 손을 대니 잃는 것보다 얻는 것이 많다. 조금의 편안함을 잃는 것이라면, 아내가 일에서 벗어나 쉬거나 취미 생활을 할 수 있는 여유를 가질 수 있게 되었다. 나는 가족의 건강 지킴이 역할까지 통찰하기로 결정하였다.

세월의 흐름과 함께 전통적으로 내려오는 습관이 있었다. 부부가 하는 일을 정해놓고 그 영역을 침범해서는 안 되고, 무의식 속에 잠재시켜 놓았던 대가족의 구성원에서 아내라는 이유로, 엄마라는 이유로, 며느리라는 위치에서 순종의 미덕이고, 무조건 참아야하는 운명으로 살아온 아내가 안쓰러웠다. 유교사상의 뿌리가 깊이 박혀 남, 여 구별이 컸던 때는 더욱 심하게 표시가 되기도 했다.

그러나 문화가 변천하여 가정의 일과 사회의 일이 각자 임의로 하는 것이기 때문에 서로가 조화를 이루고, 좋은 일과 궂은 일은 마음먹기에 따라 바뀔 수 있다.

한자에 구자가 300자 이상으로 많은 것은 우리가 태어날 때부터 입이 무엇보다 소중하다는 것은 첫째이기 때문이기도 하다. 물론 잠자고 배설하는 것도 중요하지만 잘 먹고 잘 못 먹고를 떠나 오늘도 부부간에나 타인과도 입에서 나오는 말이 화를 만들기도 하고 웃음을 만들기도 하기에, 침묵으로 설거지를 하고 침묵으로 빨랫줄에 걸려있는 빨래를 걷어 몇 종류로 정리하는 침묵의 마음은 평화를 상징하는 보증서이기도 하다.

나는 오늘도 연민의 관조를 침묵으로 즐기면서 설거지를 한다. 아내는 세상에 당신뿐이라며 환갑이 지나도록 폰도 없이 생활하고 있다. 강산이 일곱 번 바뀐 어느 날부터…

편집후기

녹아내릴 것 같은 이글거리는 한 해의 여름을 등지고 동인지 제3집을 발행하면서 새 인연인 문우님의 내면內面은 향기로 가득 찼습니다. 글을 통한 인간의 마음을 소리 없이 소통할 수 있게 하는 것은 오래 전부터 우리 조상들이 최고의 도구로 사용하였습니다. 오늘날 4차 산업 시대에서는 오히려 줄어들까 봐 노심초사하는 원로 분들이 많지만 청옥 문학의 시의 전당 푸른 원두막 문우님은 삶의 엔돌핀이 될 수 있는 아름다운 글을 많이 공유할 수 있게 끊임없는 마음의 소리, 사랑의 노력과 문우님의 글밭에 파종된 느낌으로 새롭게 좋은 글로 싹터서 문운이 창대하게 독자를 위한 화자의 진솔함과 살아있는 인성이 함께 행복할 수 있도록 우리 모두는 최선을 다할 것을 다짐해봅니다.

시의 전당 푸른 원두막 회장 최 동 운

청옥문학 동인문집 제3집

시의 전당, 푸른 원두막

인쇄 | 2018년 8월 25일　　발행 | 2018년 9월 02일

편 집 장 | 이석락　　편집부장 | 문영길
편집간사 | 심예지
편집위원 | 강선우. 김남숙. 윤주동. 이기택. 어성달.
신우준. 정태운. 신순희. 박종성. 최동운

엮 은 이 | 최 경 식　　펴 낸 곳 | 도서출판 청옥문학사
인 쇄 소 | 세종문화사

출판등록 제10-11-05호
E-mail: sik620@hanmail.net　　전화: 051-517-6068

값: 10,000원
ISBN 978-89-97805-74-7 03810